選択式トレーニング問題集の使い方

1 本書の特長

- 豊富な問題数で、社労士試験の重要論点を網羅。
- 最新の改正箇所が一目で分かる 改正 マーク付き。
- 選択式試験問題としての 難易度 を表記することで、学習優先順位を明確にしている。
- 持ち運びやすいＡ５サイズ。
- 左ページに問題、右ページに解答の見開きで構成されており、学習しやすい。(なお、長文の問題については一部構成が異なります。)
- 空欄ごとの習熟度が把握できる空欄別チェック欄付き。
- 解答ページには、出題条文の空欄に解答語句を当てはめ、完成された文章とした「 完成文 」を収載(過去本試験問題を除く)。条文読込みに活用できるほか、解答語句以外の語句についての対策も可能。
- 色文字が機能的に活用されている。
- 平成26年から令和５年までの過去本試験問題を収載。本試験における合格基準点も掲載。(一部、当時のまま出題している問題や改正により改題させていただいた問題もあります。)

2 仕 様

〔1〕 出題問題

科目別講義テキストの内容に対応
※科目別講義テキストは、資格の大原社労士講座受講生専用教材です。
科目別講義テキストのみの販売はしておりません。

〔2〕 形 式

問題を左ページ、解答を右ページとする見開きの構成です。(一部除く。)
また、過去本試験問題においては合格基準点を掲載。
※ 合格基準点 …本試験における合格基準点を表しています。

①

3 表示の意味

📖左 問題(左)ページ

❶ **改 正 項 目**：問題文見出しの右横に 改正 が付いているものは、改正箇所であることを示しています。

❷ **難易度ランク**：難易度は、選択式問題としての難しさの度合いを示したものです。難易度が高い順に、**A・B・C**とランク付けしています。

　　難易度 **A** …選択式問題の対策として学習しておかなければ、解答することが難しい問題

　　難易度 **B** … 難易度 **A** ランクの問題と、難易度 **C** ランクの問題が混在した問題

　　難易度 **C** …択一式問題の対策として学習をしておけば、解答しやすい問題

❸ **Check欄**：Check欄は、問題の習熟度合を図る目安としてご活用下さい。

❹ **選 択 肢**：5空欄に対し、20個の選択肢が設定されています。選択肢は色文字としておりますので、同色のシートを被せることで文字が消えます。これにより「選択肢を見ないで解答を導き出す」というトレーニングを行えます。

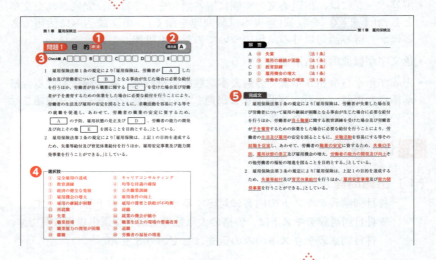

📖右 問題(右)ページ

❺ **完 成 文**：問題文の空欄に解答語句を当てはめた文章です。空欄箇所以外の重要な語句も確認することができます。

4 よくある質問

〔1〕択一式対策の学習と選択式対策の学習はどっちが重要？

まず択一式対策、次いで選択式対策の順が効率的

　択一式試験・選択式試験のいずれにも合格基準点が設けられている以上、どちらとも重要です。しかし、選択式問題の論点には、択一式問題の論点と重複するものが多く、択一式対策の学習を進めていけば、自然と選択式対策の学力も向上していきます。

　まずは、択一式トレーニング問題集などで択一式対策の学習を進め、次いで、選択式トレーニング問題集で選択式対策の学習を進めるという方法が効率的です。

〔2〕全ての問題を解いている時間がない…

難易度 A・B・Cの順で取り組みましょう

　時間がないときは、選択式問題としての難易度が高いものから、優先して取り組みましょう。具体的な優先順位は、難易度 A・B・Cの順です。難易度ランクの意味合いは、②ページをご覧下さい。

〔3〕問題の解答方法

選択肢を絞り込んで、正解率を高める

　選択式の問題は、5つの空欄に対して20個の選択肢が設定されており、一つの空欄に対する選択肢は、基本的には4個に絞ることができます。この正解肢候補の4個を相対比較し、かつ、問題文のテーマと照らし合わせた上で、最も適切と考えられる選択肢を選ぶようにすれば、正解率を高めることができます。この場合、「選択肢の絞り込み」が重要です。A〜Eの空欄に対してそれぞれ解答語句を探しだし、空欄に当てはめて適切なものを選ぶ癖をつけましょう。

CONTENTS

改正 は、改正箇所の問題です。
難易度 A・B・C は、問題の難易度ランクです。

第1章　国民年金法

		難易度	
問題1	給付水準の下限	A	2
問題2	目的と給付	A	4
問題3	被保険者の資格	C	6
問題4	任意加入被保険者	C	10
問題5	特例による任意加入被保険者	C	12
問題6	資格取得の時期	C	16
問題7	資格喪失の時期	C	18
問題8	任意加入被保険者の資格喪失時期	C	22
問題9	国民年金事業の財政	A	26
問題10	基礎年金拠出金	A	28
問題11	保険料の額	A	32
問題12	保険料の納付委託	A	34
問題13	保険料の前納	B	36
問題14	産前産後期間の保険料の免除	B	38
問題15	低所得者等に対する保険料の免除(法定免除)	B	40
問題16	低所得者等に対する保険料の免除(申請全額免除)	B	44
問題17	納付猶予	B	48
問題18	追　納	C	52
問題19	督促、滞納処分等(1)	B	56
問題20	滞納処分等(2)	A	58

I

問題21	延滞金	C	60
問題22	付加保険料	B	64
問題23	積立金	A	68
問題24	年金給付の支払期月、端数処理	B	70
問題25	老齢基礎年金の支給要件	C	74
問題26	合算対象期間(1)	C	78
問題27	合算対象期間(2)	C	80
問題28	合算対象期間(3)	B	84
問題29	老齢基礎年金の額	B	86
問題30	老齢基礎年金の支給の繰下げ	B	88
問題31	老齢基礎年金の支給の繰上げ	B	92
問題32	振替加算	B	96
問題33	障害基礎年金の支給要件	C	98
問題34	障害基礎年金の保険料納付要件の特例	C	100
問題35	特例的な支給要件による障害基礎年金	B	102
問題36	障害基礎年金の額	B	106
問題37	障害基礎年金の額の改定、失権	B	110
問題38	障害基礎年金の支給停止	B	114
問題39	遺族基礎年金の支給要件	C	118
問題40	遺族基礎年金の額	B	120
問題41	遺族基礎年金の支給停止	B	122
問題42	遺族基礎年金の失権	B	124
問題43	付加年金	C	128
問題44	寡婦年金(1)	C	130

問題45	寡婦年金(2)	B	132
問題46	死亡一時金(1)	C	134
問題47	死亡一時金(2)	C	136
問題48	脱退一時金	B	140
問題49	給付の制限	B	144
問題50	年金額の改定率の改定(1)	A	146
問題51	年金額の改定率の改定(2)	A	148
問題52	調整期間における改定率の改定の特例	A	152
問題53	未支給年金、申出による支給停止	B	156
問題54	受給権の保護、公課の禁止その他	B	160
問題55	国民年金基金の組織と設立	B	162
問題56	国民年金基金の掛金	B	164
問題57	国民年金基金の業務	B	168
問題58	国民年金基金の業務の委託	B	170
問題59	国民年金基金の合併及び分割	B	172
問題60	被保険者の資格に関する届出	C	174
問題61	第3号被保険者に係る届出等、国民年金原簿	B	176
問題62	被保険者に対する情報提供	A	180
問題63	年金受給権者の確認等	B	182
問題64	不服申立て	B	184
問題65	時　効	C	188
問題66	時効の特例	A	190
問題67	給付遅延特別加算金の支給	A	192
問題68	第3号被保険者としての被保険者期間の特例等	A	194

| 問題69 | 行政庁の権能その他 | A | 198 |

第2章　国民年金法（過去本試験問題）

難易度

問題1	平成26年	B	204
問題2	平成27年（改題）	B	206
問題3	平成28年	B	210
問題4	平成29年（改題）	B	214
問題5	平成30年（改題）	B	218
問題6	令和元年	B	222
問題7	令和2年	B	226
問題8	令和3年	B	230
問題9	令和4年	C	232
問題10	令和5年	C	234

第1章 国民年金法

第1章 国民年金法

問題1 給付水準の下限　難易度 A

Check欄 A☐☐☐ B☐☐☐ C☐☐☐ D☐☐☐ E☐☐☐

国民年金法による年金たる給付及び厚生年金保険法による年金たる保険給付については、　A　の額(保険料納付済期間の月数が　B　である受給権者について計算される額とする。)に　C　を乗じて得た額と、平均的な男子の賃金を平均標準報酬額として計算した老齢厚生年金の額(厚生年金保険法の被保険者期間の月数を　B　として計算した額とする。)との合算額を12で除して得た額の　D　から当該額に係る公租公課の額を控除して得た額に対する比率が　E　を上回ることとなるような給付水準を将来にわたり確保するものとする。

選択肢

① 2　　　　　　　　② 3　　　　　　　　③ 240
④ 300　　　　　　　⑤ 444　　　　　　　⑥ 480
⑦ 3分の1　　　　　⑧ 4分の3　　　　　⑨ 100分の200
⑩ 100分の40　　　　⑪ 100分の50　　　　⑫ 100分の60
⑬ 障害基礎年金　　　⑭ 男子被保険者の平均的な標準報酬額
⑮ 男子被保険者の平均的な標準報酬月額　　⑯ 年金給付
⑰ 被保険者の平均的な標準報酬額
⑱ 被保険者の平均的な標準報酬月額
⑲ 老齢基礎年金　　　⑳ 老齢厚生年金

第 1 章　国民年金法

解答

A	⑲	老齢基礎年金	（H16年法附則2条）
B	⑥	480	（H16年法附則2条）
C	①	2	（H16年法附則2条）
D	⑭	男子被保険者の平均的な標準報酬額	（H16年法附則2条）
E	⑪	100分の50	（H16年法附則2条）

完成文

　国民年金法による年金たる給付及び厚生年金保険法による年金たる保険給付については、老齢基礎年金の額（保険料納付済期間の月数が480である受給権者について計算される額とする。）に2を乗じて得た額と、平均的な男子の賃金を平均標準報酬額として計算した老齢厚生年金の額（厚生年金保険法の被保険者期間の月数を480として計算した額とする。）との合算額を12で除して得た額の男子被保険者の平均的な標準報酬額から当該額に係る公租公課の額を控除して得た額に対する比率が100分の50を上回ることとなるような給付水準を将来にわたり確保するものとする。

問題2　目的と給付　難易度 A

Check欄　A□□□　B□□□　C□□□　D□□□　E□□□

1　法1条によると、国民年金制度は、日本国憲法第25条第2項に規定する理念に基き、　A　によって　B　がそこなわれることを国民の　C　によって防止し、もって健全な　D　に寄与することを目的とする。

2　国民年金は、上記1の目的を達成するため、国民の　A　に関して必要な　E　を行うものとする。

選択肢
① 給付
② 共同連帯
③ 国民生活の安定
④ 国民生活の維持及び向上
⑤ 国民生活の実現
⑥ 国民生活の増進
⑦ 国民生活の保持
⑧ 最低限度の生活
⑨ 自主的責任
⑩ 自助努力
⑪ 施設
⑫ 社会経済の発展
⑬ 職業の安定
⑭ 相互扶助
⑮ 扶助
⑯ 保険給付
⑰ 老齢、障害、死亡又は脱退
⑱ 老齢、障害又は死亡
⑲ 老齢又は死亡
⑳ 老齢又は障害

解答

- A ⑱ 老齢、障害又は死亡　　（法1条、2条）
- B ③ 国民生活の安定　　　　（法1条）
- C ② 共同連帯　　　　　　　（法1条）
- D ④ 国民生活の維持及び向上（法1条）
- E ① 給付　　　　　　　　　（法2条）

完成文

1　法1条によると、国民年金制度は、日本国憲法第25条第2項に規定する理念に基き、老齢、障害又は死亡によって国民生活の安定がそこなわれることを国民の共同連帯によって防止し、もって健全な国民生活の維持及び向上に寄与することを目的とする。

2　国民年金は、上記1の目的を達成するため、国民の老齢、障害又は死亡に関して必要な給付を行うものとする。

問題3　被保険者の資格　難易度 C

Check欄 A□□□　B□□□　C□□□　D□□□　E□□□

1. 第1号被保険者とは、日本国内に住所を有する　A　の者であって第2号被保険者及び第3号被保険者のいずれにも該当しないもの（厚生年金保険法に基づく　B　を支給事由とする年金たる保険給付その他の　B　又は退職を支給事由とする給付であって政令で定めるものを受けることができる者その他国民年金法の適用を除外すべき特別の理由がある者として厚生労働省令で定める者を除く。）をいう。

2. 第2号被保険者とは、厚生年金保険の被保険者（　C　以上の者にあっては、　B　又は退職を支給事由とする年金たる給付であって政令で定める給付の受給権を有しない被保険者に限る。）をいう。

3. 第3号被保険者とは、第2号被保険者の配偶者（日本国内に住所を有する者又は外国において留学をする学生その他の日本国内に住所を有しないが渡航目的その他の事情を考慮して日本国内に生活の基礎があると認められる者として厚生労働省令で定める者に限る。）であって　D　もの（第2号被保険者である者その他国民年金法の適用を除外すべき特別の理由がある者として厚生労働省令で定める者を除く。以下「被扶養配偶者」という。）のうち　A　のものをいう。なお、この場合において　D　ことの認定に関し必要な事項は、政令で定めることとし、具体的には、健康保険法等における被扶養者の認定の取扱いを勘案して　E　が行う。

第 1 章 国民年金法

選択肢

① 20歳以上60歳未満　② 20歳以上65歳未満　③ 55歳
④ 60歳　　　　　　　⑤ 60歳未満　　　　　　⑥ 65歳
⑦ 65歳未満　　　　　⑧ 70歳　　　　　　　　⑨ 市町村長
⑩ 社会保険審査官
⑪ 主として第2号被保険者の収入により生計を維持する
⑫ 障害　　　　　　　⑬ 障害又は死亡
⑭ 第2号被保険者と生計を同じくする
⑮ 第2号被保険者と同一の世帯に属する
⑯ 第2号被保険者の収入により生計を維持する
⑰ 都道府県知事　　　⑱ 日本年金機構　　　　⑲ 老齢
⑳ 老齢又は障害

解 答

- A ① **20歳以上60歳未満**　　（法7条）
- B ⑲ **老齢**　　　　　　　　（法7条、法附則3条）
- C ⑥ **65歳**　　　　　　　　（法附則3条）
- D ⑪ **主として第2号被保険者の収入により生計を維持する**
　　　　　　　　　　　　　　（法7条）
- E ⑱ **日本年金機構**　　　　（令4条）

完成文

1 　第1号被保険者とは、日本国内に住所を有する20歳以上60歳未満の者であって第2号被保険者及び第3号被保険者のいずれにも該当しないもの（厚生年金保険法に基づく老齢を支給事由とする年金たる保険給付その他の老齢又は退職を支給事由とする給付であって政令で定めるものを受けることができる者その他国民年金法の適用を除外すべき特別の理由がある者として厚生労働省令で定める者を除く。）をいう。

2 　第2号被保険者とは、厚生年金保険の被保険者（65歳以上の者にあっては、老齢又は退職を支給事由とする年金たる給付であって政令で定める給付の受給権を有しない被保険者に限る。）をいう。

3 　第3号被保険者とは、第2号被保険者の配偶者（日本国内に住所を有する者又は外国において留学をする学生その他の日本国内に住所を有しないが渡航目的その他の事情を考慮して日本国内に生活の基礎があると認められる者として厚生労働省令で定める者に限る。）であって主として第2号被保険者の収入により生計を維持するもの（第2号被保険者である者その他国民年金法の適用を除外すべき特別の理由がある者として厚生労働省令で定める者を除く。以下「被扶養配偶者」という。）のうち20歳以上60歳未満のものをいう。なお、この場合において主として第2号被保険者の収入により生計を維持することの認定に関し必要な事項は、政令で定めることとし、具体的には、健康保険法等における被扶養者の認定の取扱いを勘案して日本年金機構が行う。

問題4　任意加入被保険者　難易度 C

Check欄　A☐☐☐　B☐☐☐　C☐☐☐　D☐☐☐　E☐☐☐

1　第2号被保険者及び第3号被保険者以外の者で、以下の(1)から(3)のいずれかに該当する者は、厚生労働大臣に申し出て、被保険者となることができる。

(1)　日本国内に住所を有する　A　の者であって、厚生年金保険法に基づく　B　給付等を受けることができるもの（国民年金法の適用を除外すべき特別の理由がある者として厚生労働省令で定める者を除く。）

(2)　日本国内に住所を有する　C　の者（国民年金法の適用を除外すべき特別の理由がある者として厚生労働省令で定める者を除く。）

(3)　日本国籍を有する者その他政令で定める者であって、日本国内に住所を有しない　D　のもの

2　上記(1)(2)に該当する者が被保険者になるための申出を行おうとする場合には、　E　を希望する旨の申出又は　E　によらない正当な事由がある場合として厚生労働省令で定める場合に該当する旨の申出を厚生労働大臣に対してしなければならない。

選択肢

① 18歳以上60歳未満　　② 20歳以上
③ 20歳以上55歳未満　　④ 20歳以上60歳未満
⑤ 20歳以上65歳未満　　⑥ 20歳以上70歳未満
⑦ 20歳未満　　　　　　⑧ 55歳以上　　　　　⑨ 60歳以上
⑩ 60歳以上65歳未満　　⑪ 60歳以上70歳未満　⑫ 60歳未満
⑬ 遺族　　　　　　　　⑭ 現金納付
⑮ 口座振替納付　　　　⑯ 障害　　　　　　　⑰ 前納
⑱ 脱退　　　　　　　　⑲ 追納　　　　　　　⑳ 老齢

解答

A ④ **20歳以上60歳未満** （法附則5条）
B ⑳ **老齢** （法附則5条）
C ⑩ **60歳以上65歳未満** （法附則5条）
D ⑤ **20歳以上65歳未満** （法附則5条）
E ⑮ **口座振替納付** （法附則5条）

完成文

1 第2号被保険者及び第3号被保険者以外の者で、以下の(1)から(3)のいずれかに該当する者は、厚生労働大臣に申し出て、被保険者となることができる。

(1) **日本国内に住所**を有する20歳以上60歳未満の者であって、厚生年金保険法に基づく老齢給付等を受けることができるもの(国民年金法の適用を除外すべき特別の理由がある者として厚生労働省令で定める者を除く。)

(2) **日本国内に住所**を有する60歳以上65歳未満の者(国民年金法の適用を除外すべき特別の理由がある者として厚生労働省令で定める者を除く。)

(3) **日本国籍**を有する者その他政令で定める者であって、日本国内に住所を有しない20歳以上65歳未満のもの

2 上記(1)(2)に該当する者が被保険者になるための申出を行おうとする場合には、口座振替納付を希望する旨の申出又は口座振替納付によらない正当な事由がある場合として厚生労働省令で定める場合に該当する旨の申出を厚生労働大臣に対してしなければならない。

第1章 国民年金法

問題5 特例による任意加入被保険者　難易度 C

Check欄 A□□□ B□□□ C□□□ D□□□ E□□□

1 　A　 に生まれた者であって、以下の(1)・(2)のいずれかに該当するもの(第2号被保険者を除く。)は、厚生労働大臣に申し出て、国民年金の被保険者となることができる。ただし、その者が 　B　 基礎年金、厚生年金保険法による 　B　 厚生年金その他の 　B　 又は退職を支給事由とする年金たる給付であって政令で定める給付の受給権を有する場合は、この限りでない。

(1) 日本国内に住所を有する 　C　 の者(国民年金法の適用を除外すべき特別の理由がある者として厚生労働省令で定める者を除く。)

(2) 日本国籍を有する者であって、日本国内に住所を有しない 　C　 のもの

2 　上記(1)に該当する者が被保険者になるための申出を行おうとする場合には、　D　 を希望する旨の申出又は 　D　 によらない正当な事由がある場合として厚生労働省令で定める場合に該当する旨の申出を厚生労働大臣に対してしなければならない。

3 　上記1の規定による国民年金の被保険者は、次のアからオのいずれかに該当するに至った日の翌日(　E　 に該当するに至ったときは、その日)に、当該被保険者の資格を喪失する。

ア　死亡したとき。

イ　国民年金法第7条第1項第2号に規定する厚生年金保険の被保険者の資格を取得したとき。

ウ　上記1のただし書に規定する政令で定める給付の受給権を取得したとき。

エ　70歳に達したとき。

オ　資格喪失の申出が受理されたとき。

第1章　国民年金法

選択肢

① 65歳以上
② 65歳以上70歳未満
③ 70歳以上
④ 70歳以上75歳未満
⑤ イ、ウ又はエ
⑥ イ、エ又はオ
⑦ 遺族
⑧ イ又はエ
⑨ エ又はオ
⑩ 現金納付
⑪ 口座振替納付
⑫ 障害
⑬ 傷害
⑭ 昭和35年4月1日以前
⑮ 昭和40年4月1日以前
⑯ 昭和41年4月1日以前
⑰ 昭和45年4月1日以前
⑱ 前納
⑲ 追納
⑳ 老齢

第1章　国民年金法

解　答

A	⑮	昭和40年4月1日以前	（H6法附則11条、H16法附則23条）
B	⑳	老齢	（H6法附則11条、H16法附則23条）
C	②	65歳以上70歳未満	（H6法附則11条、H16法附則23条）
D	⑪	口座振替納付	（H6法附則11条、H16法附則23条）
E	⑥	イ、エ又はオ	（H6法附則11条、H16法附則23条）

完成文

1　昭和40年4月1日以前に生まれた者であって、以下の(1)・(2)のいずれかに該当するもの(第2号被保険者を除く。)は、厚生労働大臣に申し出て、国民年金の被保険者となることができる。ただし、その者が老齢基礎年金、厚生年金保険法による老齢厚生年金その他の老齢又は退職を支給事由とする年金たる給付であって政令で定める給付の受給権を有する場合は、この限りでない。

(1)　**日本国内に住所**を有する65歳以上70歳未満の者(国民年金法の適用を除外すべき特別の理由がある者として厚生労働省令で定める者を除く。)

(2)　**日本国籍**を有する者であって、日本国内に住所を有しない65歳以上70歳未満のもの

2　上記(1)に該当する者が被保険者になるための申出を行おうとする場合には、口座振替納付を希望する旨の申出又は口座振替納付によらない正当な事由がある場合として厚生労働省令で定める場合に該当する旨の申出を厚生労働大臣に対してしなければならない。

3　上記1の規定による国民年金の被保険者は、次のアからオのいずれかに該当するに至った日の**翌日**(イ、エ又はオに該当するに至ったときは、**その日**)に、当該被保険者の資格を喪失する。

ア　死亡したとき。

イ　国民年金法第7条第1項第2号に規定する厚生年金保険の被保険者の資格を取得したとき。

ウ　上記1のただし書に規定する政令で定める給付の受給権を取得したとき。

エ　**70**歳に達したとき。

オ　資格喪失の**申出**が受理されたとき。

問題6　資格取得の時期　難易度 C

Check欄　A□□□　B□□□　C□□□　D□□□　E□□□

　第2号被保険者及び第3号被保険者の要件のいずれにも該当しない者については、以下のア～ウまでのいずれかに該当するに至った日に、　A　未満の者又は　B　以上の者については、以下のエに該当するに至った日に、その他の者についてはエ又はオのいずれかに該当するに至った日に、それぞれ被保険者の資格を取得する。

ア　　A　　に達したとき

イ　　C　　を有するに至ったとき

ウ　厚生年金保険法に基づく　D　給付等を受けることができる者その他国民年金法の適用を除外すべき特別の理由がある者として厚生労働省令で定める者でなくなったとき

エ　厚生年金保険の被保険者の資格を取得したとき

オ　　E　　となったとき

選択肢

① 15歳　　② 18歳　　③ 20歳　　④ 22歳
⑤ 55歳　　⑥ 60歳　　⑦ 65歳　　⑧ 70歳
⑨ 遺族　　⑩ 外国籍　　⑪ 控除対象配偶者
⑫ 市町村の区域内に住所　　⑬ 障害　　⑭ 脱退
⑮ 日本国籍　　⑯ 日本国内に住所
⑰ 被扶養者　　⑱ 被扶養配偶者
⑲ 扶養親族　　⑳ 老齢

第1章 国民年金法

解　答

A	③	20歳	（法8条）
B	⑥	60歳	（法8条）
C	⑯	日本国内に住所	（法8条）
D	⑳	老齢	（法8条）
E	⑱	被扶養配偶者	（法8条）

完成文

　第2号被保険者及び第3号被保険者の要件のいずれにも該当しない者については、以下のア～ウまでのいずれかに該当するに至った日に、20歳未満の者又は60歳以上の者については、以下のエに該当するに至った日に、その他の者についてはエ又はオのいずれかに該当するに至った日に、それぞれ被保険者の資格を取得する。

ア　20歳に達したとき
イ　日本国内に住所を有するに至ったとき
ウ　厚生年金保険法に基づく老齢給付等を受けることができる者その他国民年金法の適用を除外すべき特別の理由がある者として厚生労働省令で定める者でなくなったとき
エ　厚生年金保険の被保険者の資格を取得したとき
オ　被扶養配偶者となったとき

問題7　資格喪失の時期

難易度 C

Check欄　A □□□　B □□□　C □□□　D □□□　E □□□

　強制被保険者は、以下のいずれかに該当するに至った日の翌日（以下のイに該当するに至った日に更に第2号被保険者若しくは第3号被保険者に該当するに至ったとき又はウからオまでのいずれかに該当するに至ったとき（エについては、厚生年金保険法に基づく　A　給付等を受けることができる者となったときに限る。）は、その日）に、被保険者の資格を喪失する。

ア　死亡したとき

イ　　B　を有しなくなったとき（第2号被保険者又は第3号被保険者に該当するときを除く。）

ウ　　C　に達したとき（第2号被保険者に該当するときを除く。）

エ　厚生年金保険法に基づく　A　給付等を受けることができる者その他国民年金法の適用を除外すべき特別の理由がある者として厚生労働省令で定める者となったとき（第2号被保険者又は第3号被保険者に該当するときを除く。）

オ　厚生年金保険の被保険者の資格を喪失したとき（強制被保険者に該当するときを除く。）又は　D　に達したとき（　A　又は退職を支給事由とする年金たる給付であって政令で定める給付の受給権を有しないものを除く。）

カ　　E　でなくなったとき（第1号被保険者又は第2号被保険者に該当するときを除く。）

第1章 国民年金法

選択肢

①	30歳	②	45歳	③	55歳	④	60歳
⑤	65歳	⑥	70歳	⑦	75歳	⑧	80歳
⑨	遺族	⑩	外国籍	⑪	控除対象配偶者		
⑫	障害	⑬	脱退	⑭	日本国籍		
⑮	日本国内に住所			⑯	被扶養者	⑰	被扶養配偶者
⑱	被保険者資格			⑲	扶養親族	⑳	老齢

解答

A	⑳	老齢	（法9条、法附則4条）
B	⑮	日本国内に住所	（法9条）
C	④	60歳	（法9条）
D	⑤	65歳	（法附則4条）
E	⑰	被扶養配偶者	（法9条）

第1章 国民年金法

完成文

　強制被保険者は、以下のいずれかに該当するに至った日の翌日（以下のイに該当するに至った日に更に第2号被保険者若しくは第3号被保険者に該当するに至ったとき又はウからオまでのいずれかに該当するに至ったとき（エについては、厚生年金保険法に基づく老齢給付等を受けることができる者となったときに限る。）は、その日）に、被保険者の資格を喪失する。

ア　死亡したとき

イ　日本国内に住所を有しなくなったとき（第2号被保険者又は第3号被保険者に該当するときを除く。）

ウ　60歳に達したとき（第2号被保険者に該当するときを除く。）

エ　厚生年金保険法に基づく老齢給付等を受けることができる者その他国民年金法の適用を除外すべき特別の理由がある者として厚生労働省令で定める者となったとき（第2号被保険者又は第3号被保険者に該当するときを除く。）

オ　厚生年金保険の被保険者の資格を喪失したとき（強制被保険者に該当するときを除く。）又は65歳に達したとき（老齢又は退職を支給事由とする年金たる給付であって政令で定める給付の受給権を有しないものを除く。）

カ　被扶養配偶者でなくなったとき（第1号被保険者又は第2号被保険者に該当するときを除く。）

第1章　国民年金法

問題8　任意加入被保険者の資格喪失時期　難易度 C

Check欄　A□□□　B□□□　C□□□　D□□□　E□□□

1　任意加入被保険者は、死亡した日の翌日又は以下のいずれかに該当するに至った日に、被保険者の資格を喪失する。
　ア　　 A 　　に達したとき
　イ　厚生年金保険の被保険者の資格を取得したとき
　ウ　資格喪失の　 B 　とき
　エ　保険料納付済期間の月数等を合算した月数が　 C 　に達したとき
2　日本国籍を有する者であって、日本国内に住所を有しない20歳以上　 A 　未満の任意加入被保険者は、上記1の規定によって被保険者の資格を喪失するほか、以下のいずれかに該当するに至った日の翌日（その事実があった日に更に被保険者の資格を取得したときは、その日）に被保険者の資格を喪失する。
　ア　日本国内に住所を有するに至ったとき
　イ　日本国籍を有する者及び法附則5条1項3号に規定する政令で定める者のいずれにも該当しなくなったとき
　ウ　　 D 　　となったとき（60歳未満であるときに限る。）
　エ　保険料を滞納し、その後、保険料を納付することなく　 E 　が経過したとき

選択肢

①	300	②	360	③	420
④	480	⑤	1年間	⑥	2年間
⑦	3か月	⑧	5年間	⑨	55歳
⑩	60歳	⑪	65歳	⑫	70歳
⑬	許可があった	⑭	控除対象配偶者	⑮	同意があった
⑯	認可があった	⑰	被扶養者	⑱	被扶養配偶者
⑲	扶養親族	⑳	申出が受理された		

第1章 国民年金法

解 答

A	⑪	65歳	（法附則5条）
B	⑳	申出が受理された	（法附則5条）
C	④	480	（法附則5条）
D	⑱	被扶養配偶者	（法附則5条）
E	⑥	2年間	（法附則5条）

完成文

1 任意加入被保険者は、死亡した日の翌日又は以下のいずれかに該当するに至った日に、被保険者の資格を喪失する。
   ア　65歳に達したとき
   イ　厚生年金保険の被保険者の資格を取得したとき
   ウ　資格喪失の申出が受理されたとき
   エ　保険料納付済期間の月数等を合算した月数が480に達したとき

2 日本国籍を有する者であって、日本国内に住所を有しない20歳以上65歳未満の任意加入被保険者は、上記1の規定によって被保険者の資格を喪失するほか、以下のいずれかに該当するに至った日の翌日（その事実があった日に更に被保険者の資格を取得したときは、その日）に被保険者の資格を喪失する。
   ア　<u>日本国内に住所</u>を有するに至ったとき
   イ　<u>日本国籍</u>を有する者及び法附則5条1項3号に規定する政令で定める者のいずれにも該当しなくなったとき
   ウ　被扶養配偶者となったとき（<u>60</u>歳未満であるときに限る。）
   エ　保険料を滞納し、その後、保険料を納付することなく2年間が経過したとき

問題9　国民年金事業の財政

難易度　A

Check欄　A□□□　B□□□　C□□□　D□□□　E□□□

1　年金財政計算では、遠い将来においては、少子化の状況の好転など現時点では予測することができないような大きな変化が生じることも否定できないことを考慮し、将来に向けて積立金水準を抑制していくことを基本に考え、最終年度に積立金水準を給付費の1年分程度とする　A　方式により行うことになっている。

2　国民年金事業の財政は、　B　にその均衡が保たれたものでなければならず、著しくその均衡を失すると見込まれる場合には、速やかに所要の措置が講ぜられなければならない。

3　政府は、少なくとも　C　年ごとに、保険料及び国庫負担の額並びにこの法律による給付に要する費用の額その他の国民年金事業の財政に係る収支についてその現況及び　D　における見通し（財政の現況及び見通し）を作成しなければならない。

4　　D　は、財政の現況及び見通しが作成される年以降おおむね　E　年間とする。

選択肢

① 1　　② 3　　③ 5　　④ 10
⑤ 25　　⑥ 50　　⑦ 100　　⑧ 200
⑨ 永久的　　　　　⑩ 継続的
⑪ 財政期間　　　　⑫ 財政均衡　　　⑬ 財政均衡期間
⑭ 財政調整期間　　⑮ 中期的　　　　⑯ 長期的
⑰ 調整期間　　　　⑱ 保険料水準固定
⑲ マクロ経済スライド　⑳ 有限均衡

解答

A ⑳ 有限均衡
B ⑯ 長期的　　　　（法4条の2）
C ③ 5　　　　　　（法4条の3）
D ⑬ 財政均衡期間　（法4条の3）
E ⑦ 100　　　　　（法4条の3）

完成文

1　年金財政計算では、遠い将来においては、少子化の状況の好転など現時点では予測することができないような大きな変化が生じることも否定できないことを考慮し、将来に向けて積立金水準を抑制していくことを基本に考え、最終年度に積立金水準を給付費の1年分程度とする有限均衡方式により行うことになっている。

2　国民年金事業の財政は、長期的にその均衡が保たれたものでなければならず、著しくその均衡を失すると見込まれる場合には、速やかに所要の措置が講ぜられなければならない。

3　政府は、少なくとも5年ごとに、保険料及び国庫負担の額並びにこの法律による給付に要する費用の額その他の国民年金事業の財政に係る収支についてその現況及び財政均衡期間における見通し（財政の現況及び見通し）を作成しなければならない。

4　財政均衡期間は、財政の現況及び見通しが作成される年以降おおむね100年間とする。

第1章　国民年金法

問題10　基礎年金拠出金　難易度 A

Check欄 A□□□　B□□□　C□□□　D□□□　E□□□

1　国庫は、当該年度における基礎年金の給付に要する費用の総額（一定の額を除く。「　A　」という。）のうち、第1号被保険者に係る給付の額の2分の1に相当する額を負担する。

2　国庫は、毎年度、予算の範囲内で、国民年金事業の事務の執行に要する費用を負担する。

3　政府は、政令の定めるところにより、市町村（特別区を含む。）に対し、市町村長が国民年金法又は国民年金法に基づく政令の規定によって行う事務の処理に必要な費用を交付する。

4　厚生年金保険の実施者たる政府は、毎年度、基礎年金の給付に要する費用に充てるため、　B　を負担する。

5　実施機関たる共済組合等は、毎年度、基礎年金の給付に要する費用に充てるため、　B　を納付する。なお、実施機関たる共済組合等とは、厚生年金保険の実施機関たる　C　、地方公務員共済組合連合会又は日本私立学校振興・共済事業団をいう。

6　　D　が作成されるときは、厚生労働大臣は、厚生年金保険の実施者たる政府が負担し、又は実施機関たる共済組合等が納付すべき　B　について、その将来にわたる予想額を算定するものとする。

7　　B　の額は、　A　に当該年度における被保険者の総数に対する当該年度における当該政府及び実施機関に係る被保険者の総数の比率に相当するものとして毎年度政令で定めるところにより算定した率を乗じて得た額とする。

8　被保険者の総数は、第1号被保険者にあっては　E　、第2号被保険者にあっては20歳以上60歳未満の者、第3号被保険者にあってはすべての者を基礎として計算する。

選択肢

① 20歳以上60歳未満の者　　　　　　② 企業年金連合会
③ 基礎年金給付金　　　　　　　　　　④ 基礎年金拠出金
⑤ 基礎年金の給付に要する費用の総額　⑥ 国民年金拠出金
⑦ 国民年金の給付に要する費用の総額　⑧ 国家公務員共済組合
⑨ 国家公務員共済組合連合会　　　　　⑩ 国家公務員等共済組合
⑪ 財政の基本方針　　　　　　　　　　⑫ 財政の現況及び見通し
⑬ 事務の執行に要する費用　　　　　　⑭ 将来の給付改正
⑮ すべての者　　　　　　　　　　　　⑯ 積立金運用の見通し
⑰ 保険料・拠出金算定基礎額　　　　　⑱ 保険料・拠出金算定対象額
⑲ 保険料納付済期間、保険料4分の1・半額・4分の3免除期間を有する者
⑳ 保険料納付済期間を有する者

解 答

- A ⑱ 保険料・拠出金算定対象額　（法85条、94条の3）
- B ④ 基礎年金拠出金　　　　　　（法94条の2、94条の3）
- C ⑨ 国家公務員共済組合連合会　（法5条）
- D ⑫ 財政の現況及び見通し　　　（法94条の2）
- E ⑲ 保険料納付済期間、保険料4分の1・半額・4分の3免除期間を有する者　　　　　　　　（令11条の3）

完成文

1 国庫は、当該年度における基礎年金の給付に要する費用の総額(一定の額を除く。「保険料・拠出金算定対象額」という。)のうち、第1号被保険者に係る給付の額の2分の1に相当する額を負担する。

2 国庫は、毎年度、予算の範囲内で、国民年金事業の事務の執行に要する費用を負担する。

3 政府は、政令の定めるところにより、市町村(特別区を含む。)に対し、市町村長が国民年金法又は国民年金法に基づく政令の規定によって行う事務の処理に必要な費用を交付する。

4 厚生年金保険の実施者たる政府は、毎年度、基礎年金の給付に要する費用に充てるため、基礎年金拠出金を負担する。

5 実施機関たる共済組合等は、毎年度、基礎年金の給付に要する費用に充てるため、基礎年金拠出金を納付する。なお、実施機関たる共済組合等とは、厚生年金保険の実施機関たる国家公務員共済組合連合会、地方公務員共済組合連合会又は日本私立学校振興・共済事業団をいう。

6 財政の現況及び見通しが作成されるときは、厚生労働大臣は、厚生年金保険の実施者たる政府が負担し、又は実施機関たる共済組合等が納付すべき基礎年金拠出金について、その将来にわたる予想額を算定するものとする。

7 基礎年金拠出金の額は、保険料・拠出金算定対象額に当該年度における被保険者の総数に対する当該年度における当該政府及び実施機関に係る被保険者の総数の比率に相当するものとして毎年度政令で定めるところにより算定した率を乗じて得た額とする。

8 被保険者の総数は、第1号被保険者にあっては保険料納付済期間、保険料4分の1・半額・4分の3免除期間を有する者、第2号被保険者にあっては20歳以上60歳未満の者、第3号被保険者にあってはすべての者を基礎として計算する。

問題11 保険料の額　難易度 A

Check欄 A☐☐☐　B☐☐☐　C☐☐☐　D☐☐☐　E☐☐☐

1　保険料の額は、[A]円に[B]を乗じて得た額（その額に5円未満の端数が生じたときは、これを切り捨て、5円以上10円未満の端数が生じたときは、これを10円に切り上げるものとする。）とする。

2　上記1の[B]は、毎年度、当該年度の前年度の[B]に次に掲げる率（いわゆる名目賃金変動率）を乗じて得た率を基準として改定し、当該年度に属する月の月分の保険料について適用する。

a　当該年度の初日の属する年の[C]年前の年の物価指数に対する当該年度の初日の属する年の前々年の物価指数の比率

b　イに掲げる率をロに掲げる率で除して得た率の三乗根となる率

　イ　当該年度の初日の属する年の[D]年前の年の4月1日の属する年度における[E]に対する当該年度の初日の属する年の[C]年前の年の4月1日の属する年度における[E]の比率

　ロ　当該年度の初日の属する年の[D]年前の年における物価指数に対する当該年度の初日の属する年の[C]年前の年における物価指数の比率

選択肢

① 3　　② 4　　③ 5　　④ 6
⑤ 7　　⑥ 8　　⑦ 9　　⑧ 10
⑨ 13,300　⑩ 16,660　⑪ 17,000　⑫ 21,300
⑬ 改定率　⑭ 厚生年金保険の被保険者に係る標準報酬平均額
⑮ 国内総生産　⑯ 国民総生産　⑰ 修正率
⑱ 調整率　⑲ 平均給与額　⑳ 保険料改定率

解　答

A ⑪　17,000　　　　　　　　　　　　　　　　　　（法87条）
B ⑳　保険料改定率　　　　　　　　　　　　　　　（法87条）
C ①　3　　　　　　　　　　　　　　　　　　　　（法87条）
D ④　6　　　　　　　　　　　　　　　　　　　　（法87条）
E ⑭　厚生年金保険の被保険者に係る標準報酬平均額　（法87条）

完成文

1　保険料の額は、17,000円に保険料改定率を乗じて得た額（その額に5円未満の端数が生じたときは、これを切り捨て、5円以上10円未満の端数が生じたときは、これを10円に切り上げるものとする。）とする。

2　上記1の保険料改定率は、毎年度、当該年度の前年度の保険料改定率に次に掲げる率（いわゆる名目賃金変動率）を乗じて得た率を基準として改定し、当該年度に属する月の月分の保険料について適用する。

　a　当該年度の初日の属する年の3年前の年の物価指数に対する当該年度の初日の属する年の前々年の物価指数の比率

　b　イに掲げる率をロに掲げる率で除して得た率の三乗根となる率

　　イ　当該年度の初日の属する年の6年前の年の4月1日の属する年度における厚生年金保険の被保険者に係る標準報酬平均額に対する当該年度の初日の属する年の3年前の年の4月1日の属する年度における厚生年金保険の被保険者に係る標準報酬平均額の比率

　　ロ　当該年度の初日の属する年の6年前の年における物価指数に対する当該年度の初日の属する年の3年前の年における物価指数の比率

問題12 保険料の納付委託

難易度 A

Check欄 A☐☐☐ B☐☐☐ C☐☐☐ D☐☐☐ E☐☐☐

1　以下の者は、被保険者(1)の者にあっては　A　の加入員に、(3)の者にあっては保険料を滞納している者であって　B　から国民健康保険法の規定により特別の　C　が定められた国民健康保険の　D　の交付を受け、又は受けようとしているものに限る。）の委託を受けて、保険料の納付に関する事務を行うことができる。

(1)　A　又は　A　連合会

(2)　納付事務を適正かつ　E　に実施することができると認められ、かつ、政令で定める要件に該当する者として厚生労働大臣が指定するもの

(3)　厚生労働大臣に対し、納付事務を行う旨の申出をした　B　

2　被保険者の委託を受けて保険料の納付事務を行うもの（納付受託者）は、国民年金保険料納付受託記録簿を備え付け、これに納付事務に関する事項を記載し、及びその完結の日から3年間保存しなければならない。

選択肢

① 確実
② 簡素
③ 共済組合
④ 健康保険組合
⑤ 効率的
⑥ 国民健康保険団体連合会
⑦ 国民年金基金
⑧ 国民年金事務組合
⑨ 市町村
⑩ 迅速
⑪ 適用対象者
⑫ 督促状
⑬ 都道府県
⑭ 納入告知書
⑮ 被保険者資格証明書
⑯ 被保険者証
⑰ 負担割合
⑱ 保険料納付確認団体
⑲ 保険料率
⑳ 有効期間

解答

A	⑦	国民年金基金	（法92条の3）
B	⑨	市町村	（法92条の3）
C	⑳	有効期間	（法92条の3）
D	⑯	被保険者証	（法92条の3）
E	①	確実	（法92条の3）

完成文

1　以下の者は、被保険者（(1)の者にあっては国民年金基金の加入員に、(3)の者にあっては保険料を滞納している者であって市町村から国民健康保険法の規定により特別の有効期間が定められた国民健康保険の被保険者証の交付を受け、又は受けようとしているものに限る。）の委託を受けて、**保険料の納付**に関する事務を行うことができる。

(1)　国民年金基金又は国民年金基金連合会

(2)　納付事務を適正かつ確実に実施することができると認められ、かつ、政令で定める要件に該当する者として厚生労働大臣が指定するもの

(3)　厚生労働大臣に対し、納付事務を行う旨の申出をした市町村

2　被保険者の委託を受けて保険料の納付事務を行うもの（納付受託者）は、国民年金保険料納付受託記録簿を備え付け、これに納付事務に関する事項を記載し、及びその完結の日から**3年間**保存しなければならない。

問題13 保険料の前納

難易度 B

Check欄 A□□□ B□□□ C□□□ D□□□ E□□□

1　被保険者は、将来の一定期間の保険料を前納することができるものとし、　A　が定める期間につき、　B　を単位として、行うものとする。

2　上記1の場合において前納すべき額は、当該期間の各月の保険料の額から政令で定める額を控除した額とするものとし、当該「政令で定める額」は、前納に係る期間の各月の保険料の合計額から、その期間の各月の保険料の額を年　C　の利率による複利現価法によって前納に係る期間の最初の月から当該各月（　D　により納付する場合にあっては、当該各月の翌月）までのそれぞれの期間に応じて割り引いた額の合計額を控除した額とする。

3　上記1により前納された保険料について保険料納付済期間又は保険料4分の3・半額・4分の1免除期間を計算する場合においては、　E　に、それぞれその月の保険料が納付されたものとみなす。

選択肢

① 1分　② 4分　③ 4厘
④ 5分5厘　⑤ 6か月　⑥ 6か月又は年
⑦ 印紙　⑧ 口座振替　⑨ 厚生労働大臣
⑩ 市町村長　⑪ 社会保険審査官　⑫ 前納が行われた日
⑬ 前納に係る期間の各月が経過した際
⑭ 前納に係る期間の各月の10日が到来したとき
⑮ 前納に係る期間の各月の初日が到来したとき
⑯ 月　⑰ 都道府県知事　⑱ 年
⑲ 納入告知書　⑳ 納付書

解答

A	⑨	厚生労働大臣	（令7条）
B	⑥	6か月又は年	（令7条）
C	②	4分	（令8条）
D	⑧	口座振替	（令8条）
E	⑬	前納に係る期間の各月が経過した際	（法93条）

完成文

1　被保険者は、将来の一定期間の保険料を前納することができるものとし、厚生労働大臣が定める期間につき、6か月又は年を単位として、行うものとする。

2　上記1の場合において前納すべき額は、当該期間の各月の保険料の額から政令で定める額を控除した額とするものとし、当該「政令で定める額」は、前納に係る期間の各月の保険料の合計額から、その期間の各月の保険料の額を年4分の利率による**複利現価法**によって前納に係る期間の最初の月から当該各月（口座振替により納付する場合にあっては、当該各月の翌月）までのそれぞれの期間に応じて割り引いた額の合計額を控除した額とする。

3　上記1により前納された保険料について保険料納付済期間又は保険料4分の3・半額・4分の1免除期間を計算する場合においては、前納に係る期間の各月が経過した際に、それぞれその月の保険料が納付されたものとみなす。

第1章 国民年金法

問題14 産前産後期間の保険料の免除　難易度 B

Check欄 A □□□　B □□□　C □□□　D □□□　E □□□

1　被保険者は、出産の予定日（厚生労働省令で定める場合にあっては、出産の日。以下「出産予定日」）の属する月（以下「出産予定月」）の　A　（多胎妊娠の場合においては、　B　）から出産予定月の　C　までの期間に係る保険料は、納付することを要しない。

2　第1号被保険者は、上記1の規定により保険料を納付することを要しないこととされる場合には、一定の事項を記載した届書を　D　に提出しなければならない。

3　上記2の規定による届出は、　E　行うことができる。

選択肢

① 1週間前　　　　② 2か月前　　　　③ 2週間前
④ 3か月後　　　　⑤ 3か月前　　　　⑥ 3週間前
⑦ 4か月後　　　　⑧ 4か月前　　　　⑨ 5か月前
⑩ 市町村長　　　　⑪ 出産の予定日の3か月前から
⑫ 出産の予定日の6か月前から　　　⑬ 出産日後から
⑭ 出産日後から1か月経過した月から　　⑮ 前月
⑯ 地方厚生局長　　⑰ 都道府県労働局長　　⑱ 日本年金機構
⑲ 翌月　　　　　　⑳ 翌々月

解　答

A ⑮ 前月　　　　　　　　　　　　（法88条の2）
B ⑤ 3か月前　　　　　　　　　　（法88条の2）
C ⑳ 翌々月　　　　　　　　　　　（法88条の2）
D ⑩ 市町村長　　　　　　　　　　（則73条の7）
E ⑫ 出産の予定日の6か月前から　（則73条の7）

完成文

1　被保険者は、出産の予定日（厚生労働省令で定める場合にあっては、出産の日。以下「出産予定日」）の属する月（以下「出産予定月」）の前月（多胎妊娠の場合においては、3か月前）から出産予定月の翌々月までの期間に係る保険料は、納付することを要しない。

2　第1号被保険者は、上記1の規定により保険料を納付することを要しないこととされる場合には、一定の事項を記載した届書を市町村長に提出しなければならない。

3　上記2の規定による届出は、出産の予定日の6か月前から行うことができる。

問題15 低所得者等に対する保険料の免除（法定免除） 難易度 B

Check欄 A□□□ B□□□ C□□□ D□□□ E□□□

1 　　A　　（産前産後期間の保険料の免除及び、申請4分の3免除、申請半額免除、申請4分の1免除の適用を受ける　　A　　を除く。）が以下のいずれかに該当するに至ったときは、その該当するに至った日の属する　　B　　からこれに該当しなくなる日の属する月までの期間に係る保険料は、　　C　　を除き、納付することを要しない。

ア　　　D　　又は厚生年金保険法に基づく障害を支給事由とする年金たる給付その他の障害を支給事由とする給付であって政令で定めるものの受給権者であるとき。ただし、最後に同法に規定する障害等級に該当する程度の障害の状態に該当しなくなった日から起算して障害状態に該当することなく3年を経過した　　D　　の受給権者（現に障害状態に該当しない者に限る。）その他の政令で定める者は、除かれる。

イ　生活保護法による　　E　　その他の援助であって厚生労働省令で定めるものを受けるとき。

ウ　上記に掲げるもののほか、厚生労働省令で定める施設に入所しているとき。

2　上記1の規定により納付することを要しないものとされた保険料について、被保険者又は被保険者であった者（被保険者等）から当該保険料に係る期間の各月につき、保険料を納付する旨の申出があったときは、当該申出のあった期間に係る保険料に限り、上記1の規定は適用しない。

第1章 国民年金法

選択肢

① 医療扶助
② 障害基礎年金
③ 障害厚生年金
④ 既に納付されたもの
⑤ 生活扶助
⑥ 生活扶助以外の扶助
⑦ 前納されたもの
⑧ 滞納しているもの
⑨ 滞納しているもの及び前納されたもの
⑩ 月
⑪ 月の前月
⑫ 月の前々月
⑬ 月の翌月
⑭ 年金給付の受給権者
⑮ 被保険者
⑯ 被保険者であった者
⑰ 被保険者又は被保険者であった者
⑱ 扶助
⑲ 老齢基礎年金
⑳ 老齢厚生年金

解 答

A	⑮	被保険者	（法89条）
B	⑪	月の前月	（法89条）
C	④	既に納付されたもの	（法89条）
D	②	障害基礎年金	（法89条）
E	⑤	生活扶助	（法89条）

完成文

1 被保険者(<u>産前産後期間の保険料の免除</u>及び、申請4分の3免除、申請半額免除、申請4分の1免除の適用を受ける被保険者を除く。)が以下のいずれかに該当するに至ったときは、その該当するに至った日の属する月の前月からこれに該当しなくなる日の属する<u>月</u>までの期間に係る保険料は、既に納付されたものを除き、納付することを要しない。

ア 障害基礎年金又は厚生年金保険法に基づく障害を支給事由とする年金たる給付その他の障害を支給事由とする給付であって政令で定めるものの受給権者であるとき。ただし、最後に同法に規定する障害等級に該当する程度の障害の状態に該当しなくなった日から起算して障害状態に該当することなく<u>3</u>年を経過した障害基礎年金の受給権者(現に障害状態に該当しない者に限る。)その他の政令で定める者は、除かれる。

イ 生活保護法による生活扶助その他の援助であって厚生労働省令で定めるものを受けるとき。

ウ 上記に掲げるもののほか、厚生労働省令で定める施設に入所しているとき。

2 上記1の規定により納付することを要しないものとされた保険料について、被保険者又は被保険者であった者(被保険者等)から当該保険料に係る期間の各月につき、保険料を納付する旨の申出があったときは、当該申出のあった期間に係る保険料に限り、上記1の規定は適用しない。

問題16 低所得者等に対する保険料の免除（申請全額免除）

難易度 B

Check欄 A□□□ B□□□ C□□□ D□□□ E□□□

1　法90条によると、以下のいずれかに該当する被保険者等から申請があったときは、厚生労働大臣は、その指定する期間（申請4分の3免除、申請半額免除、申請4分の1免除の適用を受ける期間又は学生等である期間若しくは学生等であった期間を除く。）に係る保険料につき、既に納付されたものを除き、これを納付することを要しないものとし、申請のあった日以後、当該保険料に係る期間を保険料全額免除期間（追納が行われた場合にあっては、当該追納に係る期間を除く。）に算入することができる。ただし、　A　が以下のいずれにも該当しないときは、この限りでない。

ア　当該保険料を納付することを要しないものとすべき月の属する年の前年の所得が、その者の扶養親族等の有無及び数に応じて、政令で定める額以下であるとき。

イ　被保険者又は被保険者の属する世帯の他の世帯員が生活保護法による　B　その他の援助であって厚生労働省令で定めるものを受けるとき。

ウ　地方税法に定める障害者、　C　その他の地方税法の規定による市町村民税が課されない者として政令で定める者であって、当該保険料を納付することを要しないものとすべき月の属する年の前年の所得が　D　万円以下であるとき。

エ　保険料を納付することが著しく困難である場合として天災その他の厚生労働省令で定める事由があるとき。

2　上記1アの政令で定める額は、扶養親族等の数に一を加えた数を35万円に乗じて得た額に　E　万円を加算した額とする。

第1章 国民年金法

選択肢
- ① 22
- ② 25
- ③ 30
- ④ 32
- ⑤ 103
- ⑥ 125
- ⑦ 135
- ⑧ 180
- ⑨ 医療扶助
- ⑩ 学生等
- ⑪ 寡婦
- ⑫ 控除対象配偶者
- ⑬ 高齢者
- ⑭ 生活扶助
- ⑮ 生活扶助以外の扶助
- ⑯ 世帯主
- ⑰ 世帯主又は配偶者のいずれか
- ⑱ 配偶者
- ⑲ 扶助
- ⑳ 他の世帯員のいずれか

第1章 国民年金法

解 答

A	⑰	世帯主又は配偶者のいずれか	(法90条)
B	⑮	生活扶助以外の扶助	(法90条)
C	⑪	寡婦	(法90条)
D	⑦	135	(令6条の8)
E	④	32	(令6条の7)

完成文

1. 法90条によると、以下のいずれかに該当する被保険者等から申請があったときは、厚生労働大臣は、その指定する期間（申請4分の3免除、申請半額免除、申請4分の1免除の適用を受ける期間又は<u>学生</u>等である期間若しくは<u>学生</u>等であった期間を除く。）に係る保険料につき、<u>既に納付されたもの</u>を除き、これを納付することを要しないものとし、申請のあった日以後、当該保険料に係る期間を保険料全額免除期間（<u>追納</u>が行われた場合にあっては、当該<u>追納</u>に係る期間を除く。）に算入することができる。ただし、世帯主又は配偶者のいずれかが以下のいずれにも該当しないときは、この限りでない。

   ア 当該保険料を納付することを要しないものとすべき月の属する年の前年の所得が、その者の<u>扶養親族等</u>の有無及び数に応じて、政令で定める額以下であるとき。

   イ 被保険者又は被保険者の属する世帯の他の世帯員が生活保護法による生活扶助以外の扶助その他の援助であって厚生労働省令で定めるものを受けるとき。

   ウ 地方税法に定める<u>障害者</u>、寡婦その他の地方税法の規定による市町村民税が課されない者として政令で定める者であって、当該保険料を納付することを要しないものとすべき月の属する年の前年の所得が135万円以下であるとき。

   エ 保険料を納付することが著しく困難である場合として天災その他の厚生労働省令で定める事由があるとき。

2. 上記1アの政令で定める額は、<u>扶養親族等</u>の数に<u>一</u>を加えた数を<u>35</u>万円に乗じて得た額に32万円を加算した額とする。

問題17　納付猶予　難易度 B

Check欄　A □□□　B □□□　C □□□　D □□□　E □□□

令和　A　年　B　月までの期間において、　C　歳に達する日の属する月の前月までの被保険者期間がある第1号被保険者等であって以下のアからエのいずれかに該当するものから申請があったときは、厚生労働大臣は、当該被保険者期間のうちその指定する期間（申請全額免除、申請4分の3免除、申請半額免除、申請4分の1免除の適用を受ける期間又は学生等である期間若しくは学生等であった期間を除く。）に係る国民年金の保険料については、既に納付されたものを除き、これを納付することを要しないものとし、申請のあった日以後、当該保険料に係る期間を保険料全額免除期間（追納が行われた場合にあっては、当該追納に係る期間を除く。）に算入することができる。ただし、　D　が以下のアからエのいずれにも該当しないときは、この限りでない。

ア　当該保険料を納付することを要しないものとすべき月の属する年の前年の所得が、その者の所得税法に規定する同一生計配偶者及び扶養親族の有無及び数に応じて、政令で定める額以下であるとき。

イ　被保険者又は被保険者の属する世帯の他の世帯員が生活保護法による生活扶助以外の扶助その他の援助であって厚生労働省令で定めるものを受けるとき。

ウ　地方税法に定める　E　、寡婦その他の地方税法の規定による市町村民税が課されない者として政令で定める者であって、当該保険料を納付することを要しないものとすべき月の属する年の前年の所得が135万円以下であるとき。

エ　国民年金の保険料を納付することが著しく困難である場合として天災その他の厚生労働省令で定める事由があるとき。

第1章 国民年金法

選択肢

① 3　　② 4　　③ 6　　④ 12
⑤ 25　　⑥ 28　　⑦ 30　　⑧ 32
⑨ 35　　⑩ 37　　⑪ 38　　⑫ 50
⑬ 高齢者　　⑭ 障害者　　⑮ 世帯主
⑯ 世帯主又は配偶者のいずれか　　⑰ 妻
⑱ 低所得者　　⑲ 年少者　　⑳ 配偶者

第1章 国民年金法

解 答

- A ④ 12 (H26法附則14条)
- B ③ 6 (H26法附則14条)
- C ⑫ 50 (H26法附則14条)
- D ⑳ 配偶者 (H26法附則14条)
- E ⑭ 障害者 (H26法附則14条)

第1章 国民年金法

完成文

　令和12年6月までの期間において、50歳に達する日の属する月の前月までの被保険者期間がある第1号被保険者等であって以下のアからエのいずれかに該当するものから申請があったときは、厚生労働大臣は、当該被保険者期間のうちその指定する期間（申請全額免除、申請4分の3免除、申請半額免除、申請4分の1免除の適用を受ける期間又は学生等である期間若しくは学生等であった期間を除く。）に係る国民年金の保険料については、<u>既に納付されたもの</u>を除き、これを納付することを要しないものとし、申請のあった日以後、当該保険料に係る期間を保険料全額免除期間（追納が行われた場合にあっては、当該追納に係る期間を除く。）に算入することができる。ただし、配偶者が以下のアからエのいずれにも該当しないときは、この限りでない。

ア　当該保険料を納付することを要しないものとすべき月の属する年の前年の所得が、その者の所得税法に規定する同一生計配偶者及び扶養親族の有無及び数に応じて、政令で定める額以下であるとき。

イ　被保険者又は被保険者の属する世帯の他の世帯員が生活保護法による<u>生活扶助以外の扶助</u>その他の援助であって厚生労働省令で定めるものを受けるとき。

ウ　地方税法に定める障害者、寡婦その他の地方税法の規定による市町村民税が課されない者として政令で定める者であって、当該保険料を納付することを要しないものとすべき月の属する年の前年の所得が<u>135</u>万円以下であるとき。

エ　国民年金の保険料を納付することが著しく困難である場合として天災その他の厚生労働省令で定める事由があるとき。

問題18　追　納

Check欄　A□□□　B□□□　C□□□　D□□□　E□□□

1　被保険者又は被保険者であった者（　A　　の受給権者を除く。）は、厚生労働大臣の承認を受け、法定免除、申請全額免除又は学生納付特例により免除された保険料及び申請4分の3・半額・4分の1免除によりその一部の額につき免除された保険料（承認の日の属する月前　B　　以内の期間に係るものに限る。）の全部又は一部につき追納をすることができる。ただし、申請4分の3・半額・4分の1免除によりその一部の額につき免除された保険料については、その残余の額につき納付されていたときに限る。

2　上記1の場合において、その一部につき追納をするときは、原則として、追納は、　C　　により納付することを要しないものとされた保険料につき行い、次いで　D　　により納付することを要しないものとされた保険料又は申請4分の3・半額・4分の1免除によりその一部の額につき納付することを要しないものとされた保険料につき行うものとし、これらの保険料のうちにあっては、先に経過した月の分から順次に行うものとする。

3　上記1により追納が行われたときは、　E　　に、追納に係る月の保険料が納付されたものとみなす。

選択肢

① 2年
② 3年
③ 5年
④ 10年
⑤ 遺族基礎年金
⑥ 学生納付特例
⑦ 寡婦年金
⑧ 障害基礎年金
⑨ 申請全額免除
⑩ 申請全額免除若しくは学生納付特例
⑪ 追納が行われた日
⑫ 追納に係る期間の各月が経過した際
⑬ 追納に係る期間の各月の10日が到来したとき
⑭ 追納に係る期間の各月の初日が到来したとき
⑮ 法定免除
⑯ 法定免除若しくは学生納付特例
⑰ 法定免除若しくは申請全額免除
⑱ 免除された日
⑲ 老齢基礎年金
⑳ 老齢厚生年金

第1章 国民年金法

解　答

A	⑲	老齢基礎年金	（法94条）
B	④	10年	（法94条）
C	⑥	学生納付特例	（法94条）
D	⑰	法定免除若しくは申請全額免除	（法94条）
E	⑪	追納が行われた日	（法94条）

完成文

1. 被保険者又は被保険者であった者(老齢基礎年金の受給権者を除く。)は、厚生労働大臣の承認を受け、法定免除、申請全額免除又は学生納付特例により免除された保険料及び申請4分の3・半額・4分の1免除によりその一部の額につき免除された保険料(承認の日の属する月前10年以内の期間に係るものに限る。)の全部又は一部につき追納をすることができる。ただし、申請4分の3・半額・4分の1免除によりその一部の額につき免除された保険料については、その残余の額につき納付されていたときに限る。
2. 上記1の場合において、その一部につき追納をするときは、原則として、追納は、学生納付特例により納付することを要しないものとされた保険料につき行い、次いで法定免除若しくは申請全額免除により納付することを要しないものとされた保険料又は申請4分の3・半額・4分の1免除によりその一部の額につき納付することを要しないものとされた保険料につき行うものとし、これらの保険料のうちにあっては、先に経過した月の分から順次に行うものとする。
3. 上記1により追納が行われたときは、追納が行われた日に、追納に係る月の保険料が納付されたものとみなす。

問題19 督促、滞納処分等(1)　難易度 B

Check欄 A□□□ B□□□ C□□□ D□□□ E□□□

1　保険料その他この法律の規定による徴収金を滞納する者があるときは、厚生労働大臣は、督促状を発する日から起算して　A　以上を経過した日を指定期限として、納付義務者に対して督促状を発することにより、　B　。

2　厚生労働大臣は、上記1による督促を受けた者がその指定の期限までに保険料その他この法律の規定による徴収金を納付しないときは、国税滞納処分の例によってこれを処分し、又は滞納者の居住地若しくはその者の財産所在地の　C　に対して、その処分を請求することができる。

3　　C　は、上記2による処分の請求を受けたときは、市町村税の例によってこれを処分することができる。この場合においては、厚生労働大臣は、徴収金の　D　に相当する額を当該　C　に交付しなければならない。

4　上記2・3による処分によって受け入れた金額を保険料に充当する場合においては、さきに経過した月の保険料から順次これに充当し、　E　の保険料の額に満たない端数は、納付義務者に交付するものとする。

選択肢

① 1か月　② 1年　③ 3か月　④ 5日
⑤ 6か月　⑥ 10日　⑦ 14日　⑧ 20日
⑨ 100分の1　⑩ 100分の2　⑪ 100分の3
⑫ 100分の4　⑬ 公共職業安定所　⑭ 市町村
⑮ 督促しなければならない　⑯ 督促することができる
⑰ 督促するように努めるものとする　⑱ 都道府県
⑲ 又は口頭により督促することができる　⑳ 労働基準監督署

第1章　国民年金法

解答

A	⑥	10日	（法96条）
B	⑯	督促することができる	（法96条）
C	⑭	市町村	（法96条）
D	⑫	100分の4	（法96条）
E	①	1か月	（法96条）

完成文

1　保険料その他この法律の規定による徴収金を滞納する者があるときは、厚生労働大臣は、督促状を発する日から起算して10日以上を経過した日を指定期限として、納付義務者に対して督促状を発することにより、督促することができる。

2　厚生労働大臣は、上記1による督促を受けた者がその指定の期限までに保険料その他この法律の規定による徴収金を納付しないときは、<u>国税滞納処分</u>の例によってこれを処分し、又は滞納者の居住地若しくはその者の財産所在地の市町村に対して、その処分を請求することができる。

3　市町村は、上記2による処分の請求を受けたときは、市町村税の例によってこれを処分することができる。この場合においては、厚生労働大臣は、徴収金の100分の4に相当する額を当該市町村に交付しなければならない。

4　上記2・3による処分によって受け入れた金額を保険料に充当する場合においては、さきに経過した月の保険料から順次これに充当し、1か月の保険料の額に満たない端数は、納付義務者に交付するものとする。

第1章　国民年金法

問題20　滞納処分等(2)　難易度 A

Check欄　A□□□　B□□□　C□□□　D□□□　E□□□

　厚生労働大臣は、滞納処分等その他の処分に係る納付義務者が滞納処分等その他の処分の執行を免れる目的でその財産について隠ぺいしているおそれがあることその他以下アからエの事情があるため保険料等の　A　な徴収を行う上で必要があると認めるときは、政令で定めるところにより、　B　に、当該納付義務者に関する情報その他必要な情報を提供するとともに、当該納付義務者に係る滞納処分等その他の処分の権限の全部又は一部を委任することができる。

ア　納付義務者が　C　分以上の保険料を滞納していること。
イ　納付義務者が滞納処分等その他の処分の執行を免れる目的でその財産について隠ぺいしているおそれがあること。
ウ　納付義務者の前年の所得(1月から6月までにおいては前々年の所得)が　D　円以上であること。
エ　滞納処分等その他の処分を受けたにもかかわらず、納付義務者が滞納している保険料等の納付について　E　を有すると認められないこと。

選択肢
① 3か月　　② 6か月　　③ 12か月
④ 13か月　⑤ 500万　　⑥ 1,000万
⑦ 2,000万　⑧ 5,000万　⑨ 円滑
⑩ 効果的　⑪ 財務大臣　⑫ 市町村長
⑬ 迅速　　⑭ 誠実な意思　⑮ 正当な理由
⑯ 総務大臣　⑰ 日本年金機構　⑱ 納付が困難な事由
⑲ 納付の意思　⑳ 能率的

第1章 国民年金法

解答

A	⑩	効果的	（法109条の5）
B	⑪	財務大臣	（法109条の5）
C	④	13か月	（則105条）
D	⑥	1,000万	（則106条）
E	⑭	誠実な意思	（令11条の10）

完成文

　厚生労働大臣は、滞納処分等その他の処分に係る納付義務者が滞納処分等その他の処分の執行を免れる目的でその財産について隠ぺいしているおそれがあることその他以下アからエの事情があるため保険料等の効果的な徴収を行う上で必要があると認めるときは、政令で定めるところにより、財務大臣に、当該納付義務者に関する情報その他必要な情報を提供するとともに、当該納付義務者に係る滞納処分等その他の処分の権限の全部又は一部を委任することができる。

ア　納付義務者が13か月分以上の保険料を滞納していること。

イ　納付義務者が滞納処分等その他の処分の執行を免れる目的でその財産について隠ぺいしているおそれがあること。

ウ　納付義務者の前年の所得（1月から6月までにおいては前々年の所得）が1,000万円以上であること。

エ　滞納処分等その他の処分を受けたにもかかわらず、納付義務者が滞納している保険料等の納付について誠実な意思を有すると認められないこと。

問題21 延滞金

難易度 C

Check欄 A□□□ B□□□ C□□□ D□□□ E□□□

1 保険料その他徴収金の督促をしたときは、厚生労働大臣は、徴収金額に、　A　から　B　までの期間の日数に応じ、年14.6％（当該督促が保険料に係るものであるときは、当該　A　から３か月を経過する日までの期間については、年7.3％）の割合を乗じて計算した延滞金を徴収する。ただし、徴収金額が　C　未満であるとき、又は滞納につきやむを得ない事情があると認められるときは、この限りでない。

2 上記１の場合において、徴収金額の一部につき納付があったときは、　D　の期間に係る延滞金の計算の基礎となる徴収金は、その納付のあった徴収金額を控除した金額による。

3 延滞金を計算するに当り、徴収金額に　C　未満の端数があるときは、その端数は、切り捨てる。

4 督促状に指定した期限までに徴収金を完納したとき、又は上記１～３の規定によって計算した金額が　E　未満であるときは、延滞金は、徴収しない。

5 延滞金の金額に　E　未満の端数があるときは、その端数は、切り捨てる。

第1章 国民年金法

選択肢

① 1円　② 5円　③ 10円　④ 50円
⑤ 100円　⑥ 500円　⑦ 1,000円　⑧ 10,000円
⑨ 厚生労働大臣が指定する日
⑩ 厚生労働大臣が指定する日の前日
⑪ その納付の日以後　⑫ その納付の日以前
⑬ 徴収金完納又は財産差押の日
⑭ 徴収金完納又は財産差押の日の前日
⑮ 督促状指定期限　⑯ 督促状指定期限の翌日
⑰ 督促状の指定期限以後　⑱ 督促状の指定期限以前
⑲ 納期限　⑳ 納期限の翌日

解答

A ⑳ 納期限の翌日　　　　　　　　　　　　（法97条）
B ⑭ 徴収金完納又は財産差押の日の前日　　（法97条）
C ⑥ 500円　　　　　　　　　　　　　　　（法97条）
D ⑪ その納付の日以後　　　　　　　　　　（法97条）
E ④ 50円　　　　　　　　　　　　　　　　（法97条）

第1章　国民年金法

完成文

1　保険料その他徴収金の督促をしたときは、厚生労働大臣は、徴収金額に、納期限の翌日から徴収金完納又は財産差押の日の前日までの期間の日数に応じ、年14.6％（当該督促が保険料に係るものであるときは、当該納期限の翌日から3か月を経過する日までの期間については、年7.3％）の割合を乗じて計算した延滞金を徴収する。ただし、徴収金額が500円未満であるとき、又は滞納につきやむを得ない事情があると認められるときは、この限りでない。

2　上記1の場合において、徴収金額の一部につき納付があったときは、その納付の日以後の期間に係る延滞金の計算の基礎となる徴収金は、その納付のあった徴収金額を控除した金額による。

3　延滞金を計算するに当り、徴収金額に500円未満の端数があるときは、その端数は、切り捨てる。

4　督促状に指定した期限までに徴収金を完納したとき、又は上記1～3の規定によって計算した金額が50円未満であるときは、延滞金は、徴収しない。

5　延滞金の金額に50円未満の端数があるときは、その端数は、切り捨てる。

問題22 付加保険料　難易度 B

Check欄 A☐☐☐　B☐☐☐　C☐☐☐　D☐☐☐　E☐☐☐

1　第1号被保険者（低所得者等に対する保険料の免除の規定により保険料を納付することを要しないものとされている者等及び　A　の加入員を除く。）は、厚生労働大臣に申し出て、その申出をした日の属する月　B　の各月につき、本来の保険料のほか、　C　の保険料を納付する者となることができる。

2　付加保険料の納付は、通常の保険料の納付が行われた月（追納により保険料の納付が行われたものとみなされた月を除く。）又は産前産後期間の保険料の免除により納付することを要しないものとされた保険料に係る期間の各月についてのみ行うことができる。

3　上記1により保険料を納付する者となったものは、いつでも、厚生労働大臣に申し出て、その申出をした日の属する　D　以後の各月に係る保険料（既に納付されたもの及び前納されたもの（　A　の加入員となった日の属する月以後の各月に係るものを除く。）を除く。）につき上記1による保険料を納付する者でなくなることができる。

4　上記1により保険料を納付する者となったものが、　A　の加入員となったときは、その加入員となった　E　に、上記3の申出をしたものとみなす。

選択肢

① 100円　　② 200円　　③ 400円　　④ 500円
⑤ 後　　　　⑥ 以後　　　⑦ 以前　　　⑧ 共済組合
⑨ 国民健康保険組合　　　⑩ 国民年金基金
⑪ 国民年金事務組合　　　⑫ 月
⑬ 月の前月　　　　　　　⑭ 月の前々月
⑮ 月の翌月　　　　　　　⑯ 日
⑰ 日の前日　　　　　　　⑱ 日の属する月の前月初日
⑲ 日の翌日　　　　　　　⑳ 前

第1章 国民年金法

解 答

A	⑩	国民年金基金	（法87条の2）
B	⑥	以後	（法87条の2）
C	③	400円	（法87条の2）
D	⑬	月の前月	（法87条の2）
E	⑯	日	（法87条の2）

完成文

1 　第1号被保険者(低所得者等に対する保険料の免除の規定により保険料を納付することを要しないものとされている者等及び国民年金基金の加入員を除く。)は、厚生労働大臣に申し出て、その申出をした日の属する月以後の各月につき、本来の保険料のほか、400円の保険料を納付する者となることができる。

2 　付加保険料の納付は、通常の保険料の納付が行われた月(追納により保険料の納付が行われたものとみなされた月を除く。)又は産前産後期間の保険料の免除により納付することを要しないものとされた保険料に係る期間の各月についてのみ行うことができる。

3 　上記1により保険料を納付する者となったものは、いつでも、厚生労働大臣に申し出て、その申出をした日の属する月の前月以後の各月に係る保険料(**既に納付された**もの及び**前納**されたもの(国民年金基金の加入員となった日の属する月以後の各月に係るものを除く。)を除く。)につき上記1による保険料を納付する者でなくなることができる。

4 　上記1により保険料を納付する者となったものが、国民年金基金の加入員となったときは、その加入員となった日に、上記3の申出をしたものとみなす。

問題23 積立金

Check欄 A □□□ B □□□ C □□□ D □□□ E □□□

1 　 A 　の積立金の運用は、積立金が国民年金の被保険者から徴収された保険料の一部であり、かつ、将来の給付の貴重な財源となるものであることに特に留意し、専ら国民年金の被保険者の利益のために、長期的な観点から、安全かつ効率的に行うことにより、将来にわたって、国民年金事業の運営の安定に資することを目的として行うものとする。

2 　積立金の運用は、厚生労働大臣が、上記1の目的に沿った運用に基づく　 B 　を目的として、　 C 　に対し、積立金を　 D 　することにより行うものとする。

3 　厚生労働大臣は、上記2の　 D 　をするまでの間、　 E 　に積立金を預託することができる。

選択肢

① 運用収益の獲得　　　　② 企業年金連合会
③ 寄託　　　　　　　　　④ 拠出
⑤ 国民年金特別会計の基礎年金勘定
⑥ 国民年金特別会計の国民年金勘定
⑦ 財源確保　　　　　　　⑧ 財政融資資金
⑨ 事業運営安定資金　　　⑩ 資金運用部
⑪ 年金資金運用基金　　　⑫ 年金資金運用機構
⑬ 年金積立金管理運用独立行政法人
⑭ 年金特別会計の基礎年金勘定
⑮ 年金特別会計の国民年金勘定　⑯ 年金福祉事業団
⑰ 納付金の納付　　　　　⑱ 保険料の上昇防止
⑲ 預金　　　　　　　　　⑳ 預託

第1章　国民年金法

解　答

A	⑮	年金特別会計の国民年金勘定	（法75条、法16条の2）
B	⑰	納付金の納付	（法76条）
C	⑬	年金積立金管理運用独立行政法人	（法76条）
D	③	寄託	（法76条）
E	⑧	財政融資資金	（法76条）

完成文

1　年金特別会計の国民年金勘定の積立金の運用は、積立金が国民年金の被保険者から徴収された保険料の一部であり、かつ、将来の給付の貴重な財源となるものであることに特に留意し、専ら国民年金の被保険者の利益のために、長期的な観点から、安全かつ効率的に行うことにより、将来にわたって、国民年金事業の運営の安定に資することを目的として行うものとする。

2　積立金の運用は、厚生労働大臣が、上記1の目的に沿った運用に基づく納付金の納付を目的として、年金積立金管理運用独立行政法人に対し、積立金を寄託することにより行うものとする。

3　厚生労働大臣は、上記2の寄託をするまでの間、財政融資資金に積立金を預託することができる。

第1章　国民年金法

問題24　年金給付の支払期月、端数処理　難易度 B

Check欄 A☐☐☐　B☐☐☐　C☐☐☐　D☐☐☐　E☐☐☐

1　年金給付を受ける権利を裁定する場合又は年金給付の額を改定する場合において、年金給付の額に　A　未満の端数が生じたときは、これを切り捨て、　A　以上　B　未満の端数が生じたときは、これを　B　に切り上げるものとする。

2　年金給付の支給は、これを支給すべき事由が生じた日の属する月の翌月から始め、権利が消滅した日の属する月で終るものとする。

3　年金給付は、その支給を停止すべき事由が生じたときは、その事由が生じた日の属する月の翌月からその事由が消滅した日の属する月までの分の支給を停止する。ただし、これらの日が同じ月に属する場合は、支給を停止しない。

4　年金給付は、　C　に、それぞれの前月までの分を支払う。ただし、前支払期月に支払うべきであった年金又は権利が消滅した場合若しくは年金の支給を停止した場合におけるその期の年金は、その支払期月でない月であっても、支払うものとする。

5　上記4の規定による支払額に　B　未満の端数が生じたときは、これを切り捨てるものとする。

6　毎年　D　から翌年　E　までの間において上記5の規定により切り捨てた金額の合計額（　B　未満の端数が生じたときは、これを切り捨てた額）については、これを当該　E　の支払期月の年金額に加算するものとする。

第1章 国民年金法

選択肢

① 1円　　② 1月　　③ 2月　　④ 3月
⑤ 4月　　⑥ 5円　　⑦ 6月　　⑧ 8月
⑨ 10円　　⑩ 10月　　⑪ 12月　　⑫ 50円
⑬ 50銭　　⑭ 100円　　⑮ 500円　　⑯ 1,000円
⑰ 毎年1月、3月、5月、7月、9月及び11月の6期
⑱ 毎年2月、4月、6月、8月、10月及び12月の6期
⑲ 毎年2月、6月及び10月の3期
⑳ 毎年4月、8月及び12月の3期

第1章 国民年金法

解 答

A ⑬ 50銭 （法17条）
B ① 1円 （法17条）
C ⑱ 毎年2月、4月、6月、8月、10月及び12月の6期
　　　（法18条）
D ④ 3月 （法18条の2）
E ③ 2月 （法18条の2）

完成文

1 年金給付を受ける権利を裁定する場合又は年金給付の額を改定する場合において、年金給付の額に50銭未満の端数が生じたときは、これを切り捨て、50銭以上1円未満の端数が生じたときは、これを1円に切り上げるものとする。

2 年金給付の支給は、これを支給すべき事由が生じた日の属する月の翌月から始め、権利が消滅した日の属する月で終るものとする。

3 年金給付は、その支給を停止すべき事由が生じたときは、その事由が生じた日の属する月の翌月からその事由が消滅した日の属する月までの分の支給を停止する。ただし、これらの日が同じ月に属する場合は、支給を停止しない。

4 年金給付は、毎年2月、4月、6月、8月、10月及び12月の6期に、それぞれの前月までの分を支払う。ただし、前支払期月に支払うべきであった年金又は権利が消滅した場合若しくは年金の支給を停止した場合におけるその期の年金は、その支払期月でない月であっても、支払うものとする。

5 上記4の規定による支払額に1円未満の端数が生じたときは、これを切り捨てるものとする。

6 毎年3月から翌年2月までの間において上記5の規定により切り捨てた金額の合計額(1円未満の端数が生じたときは、これを切り捨てた額)については、これを当該2月の支払期月の年金額に加算するものとする。

第1章 国民年金法

問題25 老齢基礎年金の支給要件　難易度 C

Check欄 A□□□　B□□□　C□□□　D□□□　E□□□

1　老齢基礎年金は、保険料納付済期間又は保険料免除期間（　A　　の規定により納付することを要しないものとされた保険料に係るものを除く。）を有する者が　　B　　に達したときに、その者に支給する。ただし、その者の保険料納付済期間と保険料免除期間とを合算した期間が　　C　　に満たないときは、この限りでない。

2　保険料納付済期間又は保険料免除期間（　　A　　の規定により納付することを要しないものとされた保険料に係るものを除く。）を有し、かつ、保険料納付済期間と保険料免除期間とを合算した期間が　　C　　に満たないものであって、保険料納付済期間、保険料免除期間及び　　D　　を合算した期間が　　C　　以上であるものは、老齢基礎年金の受給資格期間を満たしているものとみなす。

3　老齢基礎年金の規定において保険料納付済期間とは、第1号被保険者としての被保険者期間のうち納付された保険料（滞納処分の規定により徴収された保険料を含み、一部免除の規定によりその一部の額につき納付することを要しないものとされた保険料につきその残余の額が納付又は徴収されたものを除く。）に係るもの及び産前産後期間の保険料の免除の規定により納付することを要しないものとされた保険料に係るもの、第2号被保険者としての　　E　　及び第3号被保険者としての被保険者期間を合算した期間をいう。

第1章　国民年金法

選択肢

① 10年　② 15年　③ 20年　④ 30年
⑤ 55歳　⑥ 60歳　⑦ 65歳　⑧ 70歳
⑨ 学生納付特例　⑩ 合算対象期間　⑪ 算定対象期間
⑫ 支給要件期間　⑬ 申請全額免除　⑭ 申請半額免除
⑮ 通算対象期間　⑯ 被保険者期間
⑰ 被保険者期間(20歳に達した日の属する月前の期間及び60歳に達した日の属する月以後の期間に係るものを除く。)
⑱ 被保険者期間のうち昭和61年4月1日以後の期間に係るもの
⑲ 被保険者期間のうち納付された保険料に係るもの
⑳ 法定免除

第1章 国民年金法

解 答

- A ⑨ 学生納付特例 （法26条）
- B ⑦ 65歳 （法26条）
- C ① 10年 （法26条）
- D ⑩ 合算対象期間 （法附則9条）
- E ⑰ 被保険者期間（20歳に達した日の属する月前の期間及び60歳に達した日の属する月以後の期間に係るものを除く。）
（S60法附則8条）

完成文

1　老齢基礎年金は、保険料納付済期間又は保険料免除期間（学生納付特例の規定により納付することを要しないものとされた保険料に係るものを除く。）を有する者が65歳に達したときに、その者に支給する。ただし、その者の保険料納付済期間と保険料免除期間とを合算した期間が10年に満たないときは、この限りでない。

2　保険料納付済期間又は保険料免除期間（学生納付特例の規定により納付することを要しないものとされた保険料に係るものを除く。）を有し、かつ、保険料納付済期間と保険料免除期間とを合算した期間が10年に満たないものであって、保険料納付済期間、保険料免除期間及び合算対象期間を合算した期間が10年以上であるものは、老齢基礎年金の受給資格期間を満たしているものとみなす。

3　老齢基礎年金の規定において保険料納付済期間とは、第1号被保険者としての被保険者期間のうち納付された保険料（**滞納処分**の規定により徴収された保険料を含み、一部免除の規定によりその一部の額につき納付することを要しないものとされた保険料につきその**残余の額**が納付又は徴収されたものを除く。）に係るもの及び**産前産後期間の保険料の免除**の規定により納付することを要しないものとされた保険料に係るもの、第2号被保険者としての被保険者期間（20歳に達した日の属する月前の期間及び60歳に達した日の属する月以後の期間に係るものを除く。）及び第3号被保険者としての**被保険者期間**を合算した期間をいう。

問題26 合算対象期間(1) 難易度 C

Check欄 A□□□ B□□□ C□□□ D□□□ E□□□

次に掲げる昭和61年4月1日以後の期間は、合算対象期間に算入する。

ア　国民年金に任意加入できる期間のうち、任意加入しなかった　A　の期間。ここでいう「任意加入できる期間」とは以下の期間を指す。

a　　B　　の学生の期間

b　厚生年金保険法に基づく　C　等を受けることができる者（国民年金法の適用を除外すべき特別の理由がある者として厚生労働省令で定める者を除く。）に該当する期間

c　　D　　を有する者が日本国外に住所を有している期間

イ　　E　　としての被保険者期間のうち、20歳前の期間及び60歳以後の期間

選択肢

① 18歳以上60歳未満
② 18歳以上65歳未満
③ 20歳以上60歳未満
④ 20歳以上65歳未満
⑤ 遺族給付
⑥ 外国籍
⑦ 障害給付
⑧ 第1号被保険者
⑨ 第2号被保険者
⑩ 第3号被保険者
⑪ 日本国籍
⑫ 任意加入被保険者
⑬ 年金給付
⑭ 平成3年3月31日以前
⑮ 平成3年4月1日以後
⑯ 平成8年3月31日以前
⑰ 平成8年4月1日以後
⑱ 保険料納付済期間
⑲ 保険料免除期間
⑳ 老齢給付

解答

- A ③ 20歳以上60歳未満 （H1法附則4条）
- B ⑭ 平成3年3月31日以前 （H1法附則4条）
- C ⑳ 老齢給付 （法附則5条）
- D ⑪ 日本国籍 （法附則5条）
- E ⑨ 第2号被保険者 （S60法附則8条）

完成文

次に掲げる昭和61年4月1日以後の期間は、合算対象期間に算入する。

ア 国民年金に任意加入できる期間のうち、任意加入しなかった20歳以上60歳未満の期間。ここでいう「任意加入できる期間」とは以下の期間を指す。

　a 平成3年3月31日以前の学生の期間

　b 厚生年金保険法に基づく老齢給付等を受けることができる者（国民年金法の適用を除外すべき特別の理由がある者として厚生労働省令で定める者を除く。）に該当する期間

　c 日本国籍を有する者が日本国外に住所を有している期間

イ 第2号被保険者としての被保険者期間のうち、20歳前の期間及び60歳以後の期間

問題27 合算対象期間(2)　難易度 C

Check欄 A □□□　B □□□　C □□□　D □□□　E □□□

次に掲げる昭和61年4月1日前の期間は、合算対象期間に、算入する。

ア　旧国民年金法の規定により国民年金の被保険者となることができた者が、申出を行わなかったため、国民年金の被保険者とならなかった期間（任意未加入期間）。

イ　旧国民年金法の規定による都道府県知事の承認に基づき国民年金の被保険者とされなかった期間（任意脱退した期間）。

ウ　　A　　であった期間(60歳以上であった期間に係るものを除く。)のうち、昭和36年4月1日から　　B　　までの期間。

エ　日本国内に住所を有さず、かつ、日本国籍を有していた期間のうち、昭和36年4月1日から昭和61年3月31日までの　　C　　の期間。

オ　昭和36年5月1日以後国籍法の規定により日本の国籍を取得した者（20歳に達した日の翌日から65歳に達した日の前日までの間に日本の国籍を取得した者に限る。）であって以下の期間のうち　　C　　の期間。

　a　日本国内に住所を有していた期間のうち、日本国籍を有していなかったため被保険者とならなかった昭和36年4月1日から　　D　　までの期間

　b　日本国内に住所を有しなかった期間のうち、昭和36年4月1日から　　E　　までの期間

【選択肢】
① 20歳以上
② 20歳以上60歳未満
③ 20歳以上65歳未満
④ 60歳未満
⑤ 学生
⑥ 国会議員
⑦ 自営業者
⑧ 昭和55年12月31日
⑨ 昭和55年3月31日
⑩ 昭和56年12月31日
⑪ 昭和56年3月31日
⑫ 昭和57年3月31日
⑬ 昭和60年12月31日
⑭ 昭和61年12月31日
⑮ 昭和61年3月31日
⑯ 日本の国籍を取得した日
⑰ 日本の国籍を取得した日の前日
⑱ 農業従事者
⑲ 被保険者資格を取得した日
⑳ 被保険者資格を取得した日の前日

第1章 国民年金法

解 答

A	⑥	国会議員	（S60法附則8条）
B	⑨	昭和55年3月31日	（S60法附則8条）
C	②	20歳以上60歳未満	（S60法附則8条）
D	⑩	昭和56年12月31日	（S60法附則8条）
E	⑰	日本の国籍を取得した日の前日	（S60法附則8条）

完成文

次に掲げる昭和61年4月1日前の期間は、合算対象期間に、算入する。

ア 旧国民年金法の規定により国民年金の被保険者となることができた者が、申出を行わなかったため、国民年金の被保険者とならなかった期間（任意未加入期間）。

イ 旧国民年金法の規定による都道府県知事の承認に基づき国民年金の被保険者とされなかった期間（任意脱退した期間）。

ウ 国会議員であった期間（**60**歳以上であった期間に係るものを除く。）のうち、昭和36年4月1日から昭和55年3月31日までの期間。

エ 日本国内に住所を有さず、かつ、日本国籍を有していた期間のうち、昭和36年4月1日から**昭和61年3月31日**までの20歳以上60歳未満の期間。

オ 昭和36年5月1日以後国籍法の規定により日本の国籍を取得した者（20歳に達した日の翌日から65歳に達した日の前日までの間に日本の国籍を取得した者に限る。）であって以下の期間のうち20歳以上60歳未満の期間。

　a 日本国内に住所を有していた期間のうち、日本国籍を有していなかったため被保険者とならなかった昭和36年4月1日から昭和56年12月31日までの期間

　b 日本国内に住所を有しなかった期間のうち、昭和36年4月1日から日本の国籍を取得した日の前日までの期間

問題28 合算対象期間(3)

Check欄 A☐☐☐ B☐☐☐ C☐☐☐ D☐☐☐ E☐☐☐

次に掲げる昭和61年4月1日前の期間は、合算対象期間に算入する。

ア 　A　 以後の第1号厚生年金被保険者期間等のうち、　B　 に達した日の属する月前の期間及び 　C　 に達した日の属する月以後の期間。

イ 旧厚生年金保険法による 　D　 の支給を受けた者が、昭和61年4月1日から65歳に達する日の前日までの間に保険料納付済期間又は保険料免除期間がある場合の、その 　D　 の計算の基礎となった 　A　 以後の厚生年金保険の被保険者であった期間。

ウ 　E　 のうち、　A　 前の第1号厚生年金被保険者期間等。

エ 　A　 から昭和61年3月31日までの間に 　E　 を有しない者が、昭和61年4月1日以後に保険料納付済期間又は保険料免除期間がある場合の、　A　 前の第1号厚生年金被保険者期間。

選択肢

① 20歳　　② 30歳　　③ 40歳　　④ 45歳
⑤ 50歳　　⑥ 55歳　　⑦ 60歳　　⑧ 65歳
⑨ 算定対象期間　　　⑩ 支給要件期間
⑪ 障害手当金　　　　⑫ 障害年金
⑬ 昭和34年10月1日　⑭ 昭和34年4月1日
⑮ 昭和36年10月1日　⑯ 昭和36年4月1日
⑰ 脱退一時金　　　　⑱ 脱退手当金
⑲ 通算基礎期間　　　⑳ 通算対象期間

第1章　国民年金法

解答

A ⑯ 昭和36年4月1日 （S60法附則8条）
B ① 20歳 （S60法附則8条）
C ⑦ 60歳 （S60法附則8条）
D ⑱ 脱退手当金 （S60法附則8条）
E ⑳ 通算対象期間 （S60法附則8条）

完成文

次に掲げる昭和61年4月1日前の期間は、合算対象期間に算入する。

ア　昭和36年4月1日以後の第1号厚生年金被保険者期間等のうち、20歳に達した日の属する月前の期間及び60歳に達した日の属する月以後の期間。

イ　旧厚生年金保険法による脱退手当金の支給を受けた者が、昭和61年4月1日から65歳に達する日の前日までの間に保険料納付済期間又は保険料免除期間がある場合の、その脱退手当金の計算の基礎となった昭和36年4月1日以後の厚生年金保険の被保険者であった期間。

ウ　通算対象期間のうち、昭和36年4月1日前の第1号厚生年金被保険者期間等。

エ　昭和36年4月1日から昭和61年3月31日までの間に通算対象期間を有しない者が、昭和61年4月1日以後に保険料納付済期間又は保険料免除期間がある場合の、昭和36年4月1日前の第1号厚生年金被保険者期間。

問題29 老齢基礎年金の額 　　難易度 B

Check欄 A □□□　B □□□　C □□□　D □□□　E □□

老齢基礎年金の額は、780,900円に改定率を乗じて得た額とする。ただし、保険料納付済期間の月数が ［ A ］ に満たないものに支給する場合は、当該額に、以下ア～オの月数を合算した月数（［ A ］ を限度とする。）を ［ A ］ で除して得た数を乗じて得た額とする。

ア　保険料納付済期間の月数
イ　保険料4分の1免除期間の月数の ［ B ］ に相当する月数
ウ　保険料半額免除期間の月数の4分の3に相当する月数
エ　保険料4分の3免除期間の月数の ［ C ］ に相当する月数
オ　保険料全額免除期間（［ D ］ の規定により納付することを要しないものとされた保険料に係るものを除く。）の月数の ［ E ］ に相当する月数

選択肢

A	① 200		② 240	
	③ 300		④ 480	
B	① 5分の4		② 6分の5	
	③ 8分の7		④ 10分の9	
C	① 8分の3		② 8分の5	
	③ 9分の7		④ 9分の8	
D	① 学生納付特例		② 申請全額免除	
	③ 申請半額免除		④ 法定免除	
E	① 2分の1		② 3分の1	
	③ 4分の1		④ 5分の1	

解答

A ④ 480 （法27条）
B ③ 8分の7 （法27条）
C ② 8分の5 （法27条）
D ① 学生納付特例 （法27条）
E ① 2分の1 （法27条）

完成文

　老齢基礎年金の額は、780,900円に<u>改定率</u>を乗じて得た額とする。ただし、保険料納付済期間の月数が480に満たないものに支給する場合は、当該額に、以下ア〜オの月数を合算した月数(480を限度とする。)を480で除して得た数を乗じて得た額とする。

ア　保険料納付済期間の月数

イ　保険料4分の1免除期間の月数の8分の7に相当する月数

ウ　保険料半額免除期間の月数の<u>4分の3</u>に相当する月数

エ　保険料4分の3免除期間の月数の8分の5に相当する月数

オ　保険料全額免除期間(学生納付特例の規定により納付することを要しないものとされた保険料に係るものを除く。)の月数の2分の1に相当する月数

問題30 老齢基礎年金の支給の繰下げ　難易度 B

Check欄 A□□□　B□□□　C□□□　D□□□　E□□□

1　65歳に達したことにより老齢基礎年金の受給権を有することとなった者であって66歳に達する前に当該老齢基礎年金を請求していなかったものは、厚生労働大臣に当該老齢基礎年金の支給繰下げの申出をすることができる。ただし、その者が65歳に達したときに、他の年金たる給付（他の年金給付（　A　　を除く。）又は厚生年金保険法による年金たる保険給付（老齢を支給事由とするものを除く。）をいう。以下同じ。）の受給権者であったとき、又は65歳に達した日から66歳に達した日までの間において他の年金たる給付の受給権者となったときは、この限りでない。

2　66歳に達した日後に次の各号に掲げる者が上記1の申出（下記4の規定により上記1の申出があったものとみなされた場合における当該申出を除く。以下2において同じ。）をしたときは、当該各号に定める日において、上記1の申出があったものとみなす。

一　　B　　歳に達する日前に他の年金たる給付の受給権者となった者…他の年金たる給付を支給すべき事由が生じた日

二　　B　　歳に達した日後にある者（前号に該当する者を除く。）…　B　　歳に達した日

3　上記1の申出（下記4の規定により上記1の申出があったものとみなされた場合における当該申出を含む。）をした者に対する老齢基礎年金の支給は、当該申出のあった日の属する月の翌月から始めるものとする。

4　上記1の規定により老齢基礎年金の支給繰下げの申出をすることができる者が、70歳に達した日後に当該老齢基礎年金を請求し、かつ、当該請求の際に上記1の申出をしないときは、当該請求をした日の　　C　　前の日に上記1の申出があったものとみなす。ただし、その者が次の各号のいずれかに該当する場合は、この限りでない。

一　80歳に達した日以後にあるとき。
二　当該請求をした日の　C　前の日以前に他の年金たる給付の受給権者であったとき。

5　老齢基礎年金の支給の繰下げの際に加算する額は、法27条(年金額)の規定によって計算した額に増額率(　D　に当該年金の受給権を取得した日の属する月から当該年金の支給の繰下げの申出(上記4の規定により上記1の申出があったものとみなされた場合における当該申出を含む。)をした日の属する月の前月までの月数(当該月数が　E　を超えるときは、　E　)を乗じて得た率)を乗じて得た額とする。

選択肢
① 68　　② 69　　③ 72　　④ 75
⑤ 85　　⑥ 100　　⑦ 120　　⑧ 180
⑨ 1000分の1　　⑩ 1000分の3　　⑪ 1000分の5
⑫ 1000分の7　　⑬ 遺族基礎年金　　⑭ 寡婦年金
⑮ 障害基礎年金　　⑯ 2年　　⑰ 3年
⑱ 5年　　⑲ 7年　　⑳ 付加年金

第1章 国民年金法

解答

A ⑳ 付加年金　　（法28条）
B ④ 75　　　　　（法28条）
C ⑱ 5年　　　　（法28条）
D ⑫ 1000分の7　（令4条の5）
E ⑦ 120　　　　（令4条の5）

完成文

1　65歳に達したことにより老齢基礎年金の受給権を有することとなった者であって**66**歳に達する前に当該老齢基礎年金を請求していなかったものは、厚生労働大臣に当該老齢基礎年金の支給繰下げの申出をすることができる。ただし、その者が65歳に達したときに、他の年金たる給付(他の年金給付(付加年金を除く。)又は厚生年金保険法による年金たる保険給付(**老齢**を支給事由とするものを除く。)をいう。以下同じ。)の受給権者であったとき、又は65歳に達した日から**66**歳に達した日までの間において他の年金たる給付の受給権者となったときは、この限りでない。

2　**66**歳に達した日後に次の各号に掲げる者が上記1の申出(下記4の規定により上記1の申出があったものとみなされた場合における当該申出を除く。以下2において同じ。)をしたときは、当該各号に定める日において、上記1の申出があったものとみなす。

一　75歳に達する日前に他の年金たる給付の受給権者となった者
　…**他の年金たる給付を支給すべき事由が生じた日**

二　75歳に達した日後にある者(前号に該当する者を除く。)
　…**75歳に達した日**

3　上記1の申出(下記4の規定により上記1の申出があったものとみなされた場合における当該申出を含む。)をした者に対する老齢基礎年金の支給は、当該**申出のあった日の属する月の翌月**から始めるものとする。

4　上記1の規定により老齢基礎年金の支給繰下げの申出をすることができ

る者が、<u>70</u>歳に達した日後に当該老齢基礎年金を請求し、かつ、当該請求の際に上記１の申出をしないときは、当該請求をした日の５年前の日に上記１の申出があったものとみなす。ただし、その者が次の各号のいずれかに該当する場合は、この限りでない。

一 <u>80</u>歳に達した日以後にあるとき。

二 当該請求をした日の５年前の日以前に他の年金たる給付の受給権者であったとき。

5 老齢基礎年金の支給の繰下げの際に加算する額は、法27条(年金額)の規定によって計算した額に増額率(1000分の７に<u>当該年金の受給権を取得した日</u>の属する月から当該年金の支給の繰下げの申出(上記４の規定により上記１の申出があったものとみなされた場合における当該申出を含む。)をした日の属する<u>月の前月</u>までの月数(当該月数が120を超えるときは、120)を乗じて得た率)を乗じて得た額とする。

問題31 老齢基礎年金の支給の繰上げ　難易度 B

Check欄 A□□□　B□□□　C□□□　D□□□　E□□□

1　保険料納付済期間又は保険料免除期間を有する者であって、[A]以上65歳未満であるもの（[B]でないものに限るものとし、一定のものを除く。）は、65歳に達する前に、厚生労働大臣に老齢基礎年金の支給繰上げの請求をすることができる。ただし、その者が、その請求があった日の前日において、老齢基礎年金の受給資格期間を満たしていないときは、この限りでない。

2　老齢基礎年金の支給の繰上げの際に減ずる額は、法27条（年金額）の規定によって計算した額に減額率（[C]に当該年金の支給の繰上げを請求した日の属する月から65歳に達する日の属する月の前月までの月数を乗じて得た率）を乗じて得た額とされる。

3　老齢基礎年金の支給繰上げの請求があったときは、[D]から、その者に老齢基礎年金を支給する。

4　繰上げ支給の老齢基礎年金の規定は、[E]生まれの者であって国民年金の被保険者であるものについては適用しないものとされ、また、その受給権者（[E]に生まれた者に限る。）が国民年金の被保険者であるときは、その間、支給を停止する。

第1章 国民年金法

選択肢

① 50歳　　② 55歳　　③ 58歳
④ 60歳　　⑤ 65歳に達した日
⑥ 1000分の3　　⑦ 1000分の4
⑧ 1000分の5　　⑨ 1000分の7
⑩ 昭和16年4月1日以前　　⑪ 昭和16年4月2日以後
⑫ 昭和36年4月1日以前　　⑬ 昭和36年4月2日以後
⑭ その請求があった日　　⑮ その請求があった日の属する月
⑯ その請求があった日の属する月の前月
⑰ 第1号被保険者　　⑱ 第2号被保険者
⑲ 第3号被保険者　　⑳ 任意加入被保険者

第1章　国民年金法

解　答

A	④	60歳	（法附則9条の2）
B	⑳	任意加入被保険者	（法附則9条の2）
C	⑦	1000分の4	（令12条）
D	⑭	その請求があった日	（法附則9条の2）
E	⑩	昭和16年4月1日以前	（H6法附則7条）

完成文

1 保険料納付済期間又は保険料免除期間を有する者であって、60歳以上65歳未満であるもの（任意加入被保険者でないものに限るものとし、一定のものを除く。）は、65歳に達する前に、厚生労働大臣に老齢基礎年金の支給繰上げの請求をすることができる。ただし、その者が、その請求があった日の前日において、老齢基礎年金の受給資格期間を満たしていないときは、この限りでない。

2 老齢基礎年金の支給の繰上げの際に減ずる額は、法27条（年金額）の規定によって計算した額に減額率（1000分の4に当該年金の支給の繰上げを請求した日の属する月から65歳に達する日の属する月の前月までの月数を乗じて得た率）を乗じて得た額とされる。

3 老齢基礎年金の支給繰上げの請求があったときは、その請求があった日から、その者に老齢基礎年金を支給する。

4 繰上げ支給の老齢基礎年金の規定は、昭和16年4月1日以前生まれの者であって国民年金の被保険者であるものについては適用しないものとされ、また、その受給権者（昭和16年4月1日以前に生まれた者に限る。）が国民年金の被保険者であるときは、その間、支給を停止する。

問題32　振替加算　難易度 B

Check欄　A □□□　B □□□　C □□□　D □□□　E □□□

老齢基礎年金の額は、受給権者が、大正15年4月2日から　A　　4月1日までの間に生まれた者であって、65歳に達した日において、以下のいずれかに該当するその者の配偶者によって生計を維持していたとき（当該65歳に達した日の前日において当該配偶者がその受給権を有する以下の年金たる給付の加給年金額の計算の基礎となっていた場合に限る。）は、第27条に定める額に224,700円に改定率を乗じて得た額に　B　　に応じて政令で定める率を乗じて得た額を加算した額とする。ただし、その者が　C　、退職共済年金等で一定のものを受けることができるときは、この限りでない。

ア　　C　　又は退職共済年金（その額の計算の基礎となっている月数が　D　　以上であるものに限る。）の受給権者

イ　障害厚生年金又は障害共済年金の受給権者（同一の支給事由による　E　　の受給権を有する者に限る。）

選択肢
① 200　② 240　③ 300　④ 480
⑤ 遺族基礎年金　⑥ 遺族厚生年金
⑦ 障害基礎年金　⑧ 障害手当金
⑨ 傷病手当金　⑩ 昭和16年
⑪ 昭和36年　⑫ 昭和40年
⑬ 昭和41年　⑭ その者の子の数
⑮ その者の生年月日　⑯ その者の前年の所得
⑰ 当該配偶者の生年月日
⑱ 労災保険法の規定による障害（補償）年金
⑲ 老齢基礎年金　⑳ 老齢厚生年金

第1章　国民年金法

解答

A	⑬	昭和41年	（S60法附則14条）
B	⑮	その者の生年月日	（S60法附則14条）
C	⑳	老齢厚生年金	（S60法附則14条）
D	②	240	（S60法附則14条）
E	⑦	障害基礎年金	（S60法附則14条）

完成文

　老齢基礎年金の額は、受給権者が、大正15年4月2日から昭和41年4月1日までの間に生まれた者であって、65歳に達した日において、以下のいずれかに該当するその者の配偶者によって生計を維持していたとき（当該65歳に達した日の前日において当該配偶者がその受給権を有する以下の年金たる給付の加給年金額の計算の基礎となっていた場合に限る。）は、第27条に定める額に224,700円に改定率を乗じて得た額にその者の生年月日に応じて政令で定める率を乗じて得た額を加算した額とする。ただし、その者が老齢厚生年金、退職共済年金等で一定のものを受けることができるときは、この限りでない。

ア　老齢厚生年金又は退職共済年金（その額の計算の基礎となっている月数が240以上であるものに限る。）の受給権者

イ　障害厚生年金又は障害共済年金の受給権者（同一の支給事由による障害基礎年金の受給権を有する者に限る。）

問題33 障害基礎年金の支給要件　難易度 C

Check欄　A □□□　B □□□　C □□□　D □□□　E □□□

　障害基礎年金は、疾病にかかり、又は負傷し、かつ、その疾病又は負傷及びこれらに起因する疾病（傷病）について初めて医師又は歯科医師の診療を受けた日（初診日）において以下のいずれかに該当した者が、当該初診日から起算して　A　を経過した日（その期間内にその傷病が治った場合においては、その治った日（その症状が固定し治療の効果が期待できない状態に至った日を含む。）とし、以下「障害認定日」という。）において、その傷病により障害等級1級又は2級に該当する程度の障害の状態にあるときに、その者に支給する。ただし、当該傷病に係る　B　において、当該　C　までに被保険者期間があり、かつ、当該被保険者期間に係る保険料納付済期間と保険料免除期間とを合算した期間が当該被保険者期間の　D　に満たないときは、この限りでない。

ア　被保険者であること。

イ　被保険者であった者であって、日本国内に住所を有し、かつ、　E　であること。

選択肢

① 1年
② 1年6か月
③ 2分の1
④ 3年
⑤ 3分の1
⑥ 3分の2
⑦ 4分の3
⑧ 5年
⑨ 55歳以上65歳未満
⑩ 60歳以上65歳未満
⑪ 60歳以上70歳未満
⑫ 65歳以上70歳未満
⑬ 障害認定日
⑭ 障害認定日の前日
⑮ 初診日
⑯ 初診日の前日
⑰ 初診日の属する月
⑱ 初診日の属する月の前月
⑲ 初診日の属する月の前々月
⑳ 初診日の属する月の翌月

解 答

A ②　1年6か月　　　　　　　　　　（法30条）
B ⑯　初診日の前日　　　　　　　　　（法30条）
C ⑲　初診日の属する月の前々月　　　（法30条）
D ⑥　3分の2　　　　　　　　　　　（法30条）
E ⑩　60歳以上65歳未満　　　　　　 （法30条）

完成文

　障害基礎年金は、疾病にかかり、又は負傷し、かつ、その疾病又は負傷及びこれらに起因する疾病(傷病)について初めて医師又は歯科医師の診療を受けた日(初診日)において以下のいずれかに該当した者が、当該初診日から起算して1年6か月を経過した日(その期間内にその傷病が治った場合においては、その治った日(その症状が固定し治療の効果が期待できない状態に至った日を含む。)とし、以下「障害認定日」という。)において、その傷病により障害等級1級又は2級に該当する程度の障害の状態にあるときに、その者に支給する。ただし、当該傷病に係る初診日の前日において、当該初診日の属する月の前々月までに被保険者期間があり、かつ、当該被保険者期間に係る保険料納付済期間と保険料免除期間とを合算した期間が当該被保険者期間の3分の2に満たないときは、この限りでない。

ア　被保険者であること。

イ　被保険者であった者であって、日本国内に住所を有し、かつ、60歳以上65歳未満であること。

問題34 障害基礎年金の保険料納付要件の特例　難易度 C

Check欄 A□□□　B□□□　C□□□　D□□□　E□□□

障害基礎年金の保険料納付要件の原則に該当しない場合であっても、初診日が令和　A　前にある傷病による障害については、当該　B　において当該初診日の属する月の前々月までの　C　のうちに　D　以外の被保険者期間がないときは、障害基礎年金が支給される。ただし、当該障害に係る者が当該初診日において　E　以上であるときは、この限りではない。

選択肢

① 1年6か月間　② 1年間　③ 3か月間
④ 3年4月1日　⑤ 5年4月1日　⑥ 6か月間
⑦ 8年4月1日　⑧ 10年4月1日　⑨ 55歳
⑩ 60歳　⑪ 65歳　⑫ 70歳
⑬ 障害認定日　⑭ 障害認定日の前日　⑮ 初診日
⑯ 初診日の前日　⑰ 保険料納付済期間
⑱ 保険料納付済期間及び保険料全額免除期間
⑲ 保険料納付済期間及び保険料半額免除期間
⑳ 保険料納付済期間及び保険料免除期間

第1章　国民年金法

解　答

A	⑦	8年4月1日	（S60法附則20条）
B	⑯	初診日の前日	（S60法附則20条）
C	②	1年間	（S60法附則20条）
D	⑳	保険料納付済期間及び保険料免除期間	（S60法附則20条）
E	⑪	65歳	（S60法附則20条）

完成文

　障害基礎年金の保険料納付要件の原則に該当しない場合であっても、初診日が令和8年4月1日前にある傷病による障害については、当該初診日の前日において当該初診日の属する<u>月の前々月</u>までの1年間のうちに保険料納付済期間及び保険料免除期間以外の被保険者期間がないときは、障害基礎年金が支給される。ただし、当該障害に係る者が当該初診日において65歳以上であるときは、この限りではない。

問題35 特例的な支給要件による障害基礎年金　難易度 B

Check欄 A☐☐☐　B☐☐☐　C☐☐☐　D☐☐☐　E☐☐☐

1 疾病にかかり、又は負傷し、かつ、当該傷病に係る初診日において被保険者等に該当した者であって、障害認定日において障害等級に該当する程度の障害の状態になかったものが、同日後　A　までの間において、その傷病により障害等級に該当する程度の障害の状態に該当するに至ったときは、その者は、　B　障害基礎年金の支給を請求することができる。

2 疾病にかかり、又は負傷し、かつ、その傷病(基準傷病)に係る初診日において被保険者等に該当した者であって、基準傷病以外の傷病により障害の状態にあるものが、基準傷病に係る障害認定日以後　A　までの間において、初めて、基準傷病による障害(基準障害)と他の障害とを併合して障害等級に該当する程度の障害の状態に該当するに至ったとき(基準傷病の初診日が、基準傷病以外の傷病(基準傷病以外の傷病が2以上ある場合は、基準傷病以外のすべての傷病)の初診日以降であるときに限る。)は、その者に基準障害と他の障害とを併合した障害の程度による障害基礎年金を支給する。

3 上記2の障害基礎年金の支給は、当該障害基礎年金の　C　から始めるものとする。

4 疾病にかかり、又は負傷し、その初診日において　D　未満であった者が、障害認定日以後に　D　に達したときは　D　に達した日において、障害認定日が　D　に達した日後であるときは　E　において、障害等級に該当する程度の障害の状態にあるときは、その者に障害基礎年金を支給する。

5 疾病にかかり、又は負傷し、その初診日において　D　未満であった者(同日において被保険者でなかった者に限る。)が、障害認定日以後に

D 　に達したときは　 D 　に達した日後において、障害認定日が　 D 　に達した日後であるときは　 E 　後において、その傷病により、　 A 　までの間に、障害等級に該当する程度の障害の状態に該当するに至ったときは、その者は、その期間内に上記4の障害基礎年金の支給を請求することができる。

選択肢
① 18歳
② 20歳
③ 22歳
④ 25歳
⑤ 60歳に達する日
⑥ 60歳に達する日の前日
⑦ 65歳に達する日
⑧ 65歳に達する日の前日
⑨ 70歳に達する日の前日までに
⑩ 75歳に達する日の前日までに
⑪ いつでも
⑫ 厚生労働大臣が指定する日
⑬ 受給権を取得した月
⑭ 受給権を取得した月の翌月
⑮ 初診日
⑯ 請求があった月
⑰ 請求があった月の翌月
⑱ その期間内に
⑲ その障害認定日
⑳ 被保険者の資格を取得した日

解答

A ⑧ 65歳に達する日の前日　（法30条の２、30条の３、30条の４）
B ⑱ その期間内に　　　　　（法30条の２）
C ⑰ 請求があった月の翌月　（法30条の３）
D ② 20歳　　　　　　　　　（法30条の４）
E ⑲ その障害認定日　　　　（法30条の４）

完成文

1　疾病にかかり、又は負傷し、かつ、当該傷病に係る初診日において被保険者等に該当した者であって、障害認定日において障害等級に該当する程度の障害の状態になかったものが、同日後65歳に達する日の前日までの間において、その傷病により障害等級に該当する程度の障害の状態に該当するに至ったときは、その者は、その期間内に障害基礎年金の支給を請求することができる。

2　疾病にかかり、又は負傷し、かつ、その傷病（**基準**傷病）に係る初診日において被保険者等に該当した者であって、**基準**傷病以外の傷病により障害の状態にあるものが、**基準**傷病に係る障害認定日以後65歳に達する日の前日までの間において、初めて、**基準**傷病による障害（**基準**障害）と他の障害とを併合して障害等級に該当する程度の障害の状態に該当するに至ったとき（**基準**傷病の初診日が、**基準**傷病以外の傷病（**基準**傷病以外の傷病が２以上ある場合は、**基準**傷病以外のすべての傷病）の初診日以降であるときに限る。）は、その者に**基準**障害と他の障害とを併合した障害の程度による障害基礎年金を支給する。

3　上記２の障害基礎年金の支給は、当該障害基礎年金の請求があった月の翌月から始めるものとする。

4　疾病にかかり、又は負傷し、その初診日において20歳未満であった者が、障害認定日以後に20歳に達したときは20歳に達した日において、障害認定日が20歳に達した日後であるときはその障害認定日において、障害等

級に該当する程度の障害の状態にあるときは、その者に障害基礎年金を支給する。

5 　疾病にかかり、又は負傷し、その初診日において20歳未満であった者（同日において被保険者でなかった者に限る。）が、障害認定日以後に20歳に達したときは20歳に達した日後において、障害認定日が20歳に達した日後であるときはその障害認定日後において、その傷病により、65歳に達する日の前日までの間に、障害等級に該当する程度の障害の状態に該当するに至ったときは、その者は、その期間内に上記4の障害基礎年金の支給を請求することができる。

問題36 障害基礎年金の額　難易度 B

Check欄 A□□□　B□□□　C□□□　D□□□　E□□□

1　障害基礎年金の額は、780,900円に改定率を乗じて得た額であるが、障害の程度が障害等級の1級に該当する者に支給する障害基礎年金の額は、この額の　A　に相当する額とする。

2　障害基礎年金の額は、受給権者によって生計を維持しているその者の子（　B　までの間にある子及び　C　であって障害等級に該当する障害の状態にある子に限る。）があるときは、上記1の額にその子1人につきそれぞれ74,900円に改定率を乗じて得た額（そのうち2人までについては、それぞれ224,700円に改定率を乗じて得た額）を加算した額とする。

3　受給権者がその権利を取得した日の翌日以後にその者によって生計を維持しているその者の子（　B　までの間にある子及び　C　であって障害等級に該当する障害の状態にある子に限る。）を有するに至ったことにより、上記2の規定によりその額を加算することとなったときは、　D　、障害基礎年金の額を改定する。

4　上記2によりその額が加算された障害基礎年金については、子のうちの1人又は2人以上が、　E　となったときは、その該当するに至った日の属する月の翌月から、その該当するに至った子の数に応じて、年金額を改定する。

第1章 国民年金法

選択肢

① 15歳に達する日
② 15歳に達する日以後の最初の3月31日
③ 18歳に達する日
④ 18歳に達する日以後の最初の3月31日
⑤ 18歳未満
⑥ 20歳以上
⑦ 20歳未満
⑧ 30歳未満
⑨ 100分の120
⑩ 100分の125
⑪ 100分の150
⑫ 100分の200
⑬ 受給権者の妻以外の者の養子
⑭ 受給権者の配偶者以外の者の養子
⑮ 直系血族又は直系姻族以外の者の養子
⑯ 当該権利を取得した日の属する月にさかのぼって
⑰ 当該権利を取得した日の属する月の翌月にさかのぼって
⑱ 当該子を有するに至った日の属する月から
⑲ 当該子を有するに至った日の属する月の翌月から
⑳ 養子

第1章 国民年金法

解 答

A	⑩	100分の125	（法33条）
B	④	18歳に達する日以後の最初の3月31日	（法33条の2）
C	⑦	20歳未満	（法33条の2）
D	⑲	当該子を有するに至った日の属する月の翌月から	（法33条の2）
E	⑭	受給権者の配偶者以外の者の養子	（法33条の2）

完成文

1　障害基礎年金の額は、780,900円に改定率を乗じて得た額であるが、障害の程度が障害等級の1級に該当する者に支給する障害基礎年金の額は、この額の100分の125に相当する額とする。

2　障害基礎年金の額は、受給権者によって生計を維持しているその者の子（18歳に達する日以後の最初の3月31日までの間にある子及び20歳未満であって障害等級に該当する障害の状態にある子に限る。）があるときは、上記1の額にその子1人につきそれぞれ74,900円に改定率を乗じて得た額（そのうち2人までについては、それぞれ224,700円に改定率を乗じて得た額）を加算した額とする。

3　受給権者がその権利を取得した日の翌日以後にその者によって生計を維持しているその者の子（18歳に達する日以後の最初の3月31日までの間にある子及び20歳未満であって障害等級に該当する障害の状態にある子に限る。）を有するに至ったことにより、上記2の規定によりその額を加算することとなったときは、当該子を有するに至った日の属する月の翌月から、障害基礎年金の額を改定する。

4　上記2によりその額が加算された障害基礎年金については、子のうちの1人又は2人以上が、受給権者の配偶者以外の者の養子となったときは、その該当するに至った日の属する月の翌月から、その該当するに至った子の数に応じて、年金額を改定する。

問題37 障害基礎年金の額の改定、失権　難易度 B

Check欄 A□□□ B□□□ C□□□ D□□□ E□□□

1　厚生労働大臣は、障害基礎年金の受給権者について、その障害の程度を診査し、その程度が従前の障害等級以外の障害等級に該当すると認めるときは、障害基礎年金の額を改定することができる。

2　障害基礎年金の受給権者は、厚生労働大臣に対し、障害の程度が増進したことによる障害基礎年金の額の改定を請求することができる。

3　上記2の請求は、障害基礎年金の受給権者の　A　場合として厚生労働省令で定める場合を除き、当該障害基礎年金の受給権を取得した日又は上記1の規定による厚生労働大臣の診査を受けた日から起算して　B　でなければ行うことができない。

4　障害基礎年金の受給権は、厚生年金保険法に規定する障害等級（　C　）(以下「障害等級」という。)に該当する程度の障害の状態にない者が、　D　に達したときは、消滅するが、　D　に達した日において、障害等級に該当する程度の障害の状態に該当することなく　E　を経過していないときは、消滅しない。また、障害基礎年金の受給権は、障害等級に該当する程度の障害の状態に該当しなくなった日から起算して障害等級に該当する程度の障害の状態に該当することなく　E　を経過したときは、消滅するが、　E　を経過した日において、当該受給権者が　D　未満であるときは、消滅しない。

第 1 章　国民年金法

┌─ 選択肢 ───┐
│ ①　1 級　　　　　　　　② 　1 級から 3 級　　　③　1 級から 7 級
│ ④　1 級又は 2 級　　　　⑤　 1 年　　　　　　　⑥　1 年 6 か月
│ ⑦　1 年 6 か月を経過した日以後　　⑧　1 年 6 か月を経過した日後
│ ⑨　1 年を経過した日以後　　　　　⑩　1 年を経過した日後
│ ⑪　3 年　　　　　　　　⑫　5 年　　　　　　　⑬　55 歳
│ ⑭　60 歳　　　　　　　⑮　65 歳　　　　　　　⑯　70 歳
│ ⑰　財産が災害等により著しく損害を受けた
│ ⑱　障害の程度が軽減したことが明らかである
│ ⑲　障害の程度が増進したことが明らかである
│ ⑳　所得が前年度の所得を著しく下回った
└───┘

解 答

A	⑲	障害の程度が増進したことが明らかである	（法34条）
B	⑩	1年を経過した日後	（法34条）
C	②	1級から3級	（法35条）
D	⑮	65歳	（法35条）
E	⑪	3年	（法35条）

第1章 国民年金法

完成文

1　厚生労働大臣は、障害基礎年金の受給権者について、その障害の程度を診査し、その程度が従前の障害等級以外の障害等級に該当すると認めるときは、障害基礎年金の額を改定することができる。

2　障害基礎年金の受給権者は、厚生労働大臣に対し、障害の程度が増進したことによる障害基礎年金の額の改定を請求することができる。

3　上記2の請求は、障害基礎年金の受給権者の障害の程度が増進したことが明らかである場合として厚生労働省令で定める場合を**除き**、当該障害基礎年金の受給権を取得した日又は上記1の規定による厚生労働大臣の診査を受けた日から起算して1年を経過した日後でなければ行うことができない。

4　障害基礎年金の受給権は、厚生年金保険法に規定する障害等級（1級から3級）（以下「障害等級」という。）に該当する程度の障害の状態にない者が、65歳に達したときは、消滅するが、65歳に達した日において、障害等級に該当する程度の障害の状態に該当することなく3年を経過していないときは、消滅しない。また、障害基礎年金の受給権は、障害等級に該当する程度の障害の状態に該当しなくなった日から起算して障害等級に該当する程度の障害の状態に該当することなく3年を経過したときは、消滅するが、3年を経過した日において、当該受給権者が65歳未満であるときは、消滅しない。

問題38　障害基礎年金の支給停止

難易度 B

Check欄　A □□□　B □□□　C □□□　D □□□　E □□□

1　障害基礎年金は、その受給権者が当該傷病による障害について、労働基準法の規定による障害補償を受けることができるときは、　A　、その支給を停止する。

2　20歳前障害による障害基礎年金は、受給権者が以下のいずれかに該当するときは、その該当する期間、その支給を停止する。

　ア　恩給法に基づく年金たる給付、　B　その他の年金たる給付であって政令で定めるものを受けることができるとき。

　イ　刑事施設、労役場その他これらに準ずる施設に拘禁されている一定のとき。

　ウ　少年院その他これに準ずる施設に収容されている一定のとき。

　エ　　C　　とき。

3　20歳前障害による障害基礎年金は、受給権者の前年の所得が、その者の所得税法に規定する同一生計配偶者及び扶養親族の有無及び数に応じて、政令で定める額を超えるときは、　D　、政令で定めるところにより、　E　の支給を停止する。

第1章 国民年金法

選択肢

① 1年間　　② 3年間　　③ 5年間　　④ 6年間
⑤ 厚生年金保険の被保険者である
⑥ その2分の1に相当する部分　　⑦ その全部
⑧ その全部又は2分の1に相当する部分
⑨ その全部又は3分の1に相当する部分
⑩ その年の10月から翌年の9月まで
⑪ その年の1月から12月まで
⑫ その年の4月から翌年の3月まで
⑬ その年の8月から翌年の7月まで
⑭ 日本国籍を有しない　　⑮ 日本国内に住所を有しない
⑯ 被保険者である　　⑰ 労働基準法の規定による遺族補償
⑱ 労働基準法の規定による障害補償
⑲ 労働者災害補償保険法の規定による障害を支給事由とする年金たる給付
⑳ 労働者災害補償保険法の規定による年金たる給付

解 答

A	④	6年間	（法36条）
B	⑳	労働者災害補償保険法の規定による年金たる給付	（法36条の2）
C	⑮	日本国内に住所を有しない	（法36条の2）
D	⑩	その年の10月から翌年の9月まで	（法36条の3）
E	⑧	その全部又は2分の1に相当する部分	（法36条の3）

> **完成文**

1 障害基礎年金は、その受給権者が当該傷病による障害について、**労働基準**法の規定による**障害補償**を受けることができるときは、6年間、その支給を停止する。

2 **20歳前障害**による障害基礎年金は、受給権者が以下のいずれかに該当するときは、その該当する期間、その支給を停止する。

　ア　恩給法に基づく年金たる給付、労働者災害補償保険法の規定による年金たる給付その他の年金たる給付であって政令で定めるものを受けることができるとき。

　イ　刑事施設、労役場その他これらに準ずる施設に拘禁されている一定のとき。

　ウ　少年院その他これに準ずる施設に収容されている一定のとき。

　エ　日本国内に住所を有しないとき。

3 **20歳前障害**による障害基礎年金は、**受給権者**の前年の所得が、その者の所得税法に規定する同一生計配偶者及び扶養親族の有無及び数に応じて、政令で定める額を超えるときは、その年の10月から翌年の9月まで、政令で定めるところにより、その全部又は2分の1に相当する部分の支給を停止する。

問題39　遺族基礎年金の支給要件

難易度 C

Check欄　A□□□　B□□□　C□□□　D□□□　E□□□

　遺族基礎年金は、被保険者又は被保険者であった者が以下のいずれかに該当する場合に、その者の　A　に支給する。ただし、ア・イのいずれかの場合にあっては、死亡した者につき、　B　において、死亡日の属する月の前々月までに被保険者期間があり、かつ、当該被保険者期間に係る保険料納付済期間と保険料免除期間とを合算した期間が当該被保険者期間の　C　に満たないときは、この限りでない。

ア　被保険者が、死亡したとき。

イ　被保険者であった者であって、日本国内に住所を有し、かつ、　D　であるものが、死亡したとき。

ウ　　E　の受給権者(保険料納付済期間等を有する者のうち、保険料納付済期間、保険料免除期間及び合算対象期間を合算した期間が25年以上である者に限る。)が、死亡したとき。

エ　保険料納付済期間等を有する者のうち、保険料納付済期間、保険料免除期間及び合算対象期間を合算した期間が25年以上である者が、死亡したとき。

選択肢

① 2分の1　　② 3分の1　　③ 3分の2
④ 4分の3　　⑤ 55歳以上60歳未満　　⑥ 60歳以上65歳未満
⑦ 60歳以上70歳未満　　⑧ 65歳以上70歳未満
⑨ 遺族基礎年金　　⑩ 子　　⑪ 死亡日
⑫ 死亡日の前日　　⑬ 死亡日の前々日
⑭ 死亡日の翌日　　⑮ 障害基礎年金
⑯ 妻又は子　　⑰ 年金たる給付
⑱ 配偶者　　⑲ 配偶者又は子
⑳ 老齢基礎年金

第1章　国民年金法

解　答

A	⑲	配偶者又は子	（法37条）
B	⑫	死亡日の前日	（法37条）
C	③	3分の2	（法37条）
D	⑥	60歳以上65歳未満	（法37条）
E	⑳	老齢基礎年金	（法37条、附則9条）

完成文

　遺族基礎年金は、被保険者又は被保険者であった者が以下のいずれかに該当する場合に、その者の配偶者又は子に支給する。ただし、ア・イのいずれかの場合にあっては、死亡した者につき、死亡日の前日において、死亡日の属する月の前々月までに被保険者期間があり、かつ、当該被保険者期間に係る保険料納付済期間と保険料免除期間とを合算した期間が当該被保険者期間の3分の2に満たないときは、この限りでない。

ア　被保険者が、死亡したとき。

イ　被保険者であった者であって、日本国内に住所を有し、かつ、60歳以上65歳未満であるものが、死亡したとき。

ウ　老齢基礎年金の受給権者（保険料納付済期間等を有する者のうち、保険料納付済期間、保険料免除期間及び合算対象期間を合算した期間が25年以上である者に限る。）が、死亡したとき。

エ　保険料納付済期間等を有する者のうち、保険料納付済期間、保険料免除期間及び合算対象期間を合算した期間が25年以上である者が、死亡したとき。

問題40　遺族基礎年金の額

難易度 B

Check欄　A □□□　B □□□　C □□□　D □□□　E □□□

1　遺族基礎年金の額は、780,900円に改定率を乗じて得た額であるが、 A に支給する遺族基礎年金の額は、その額に A が遺族基礎年金の受給権を取得した当時法37条の2第1項（遺族の範囲）に規定する要件に該当し、かつ、 B 子につきそれぞれ74,900円に改定率を乗じて得た額（そのうち C までについては、それぞれ224,700円に改定率を乗じて得た額）を加算した額とする。

2　 A に支給する遺族基礎年金については、上記1に規定する子が2人以上ある場合であって、その子のうち1人を除いた子の1人又は2人以上が、 D となったときは、その該当するに至った日の属する E から、その該当するに至った子の数に応じて、年金額を改定する。

選択肢

① 1人　　② 2人　　③ 3人
④ 4人　　⑤ 夫　　⑥ 子
⑦ 主としてその者により生計を維持していた
⑧ その者と生計を同じくした
⑨ その者と同一の世帯に属する
⑩ その者により生計を維持していた
⑪ 直系血族又は直系姻族以外の者の養子
⑫ 月　　　　　　⑬ 月の前々月　　⑭ 月の翌月
⑮ 月の翌々月　　⑯ 妻　　　　　　⑰ 配偶者
⑱ 配偶者以外の者の養子　⑲ 配偶者の養子　⑳ 養子

第1章　国民年金法

解　答

A	⑰	配偶者	（法39条）
B	⑧	その者と生計を同じくした	（法39条）
C	②	2人	（法39条）
D	⑱	配偶者以外の者の養子	（法39条）
E	⑭	月の翌月	（法39条）

完成文

1　遺族基礎年金の額は、780,900円に改定率を乗じて得た額であるが、配偶者に支給する遺族基礎年金の額は、その額に配偶者が遺族基礎年金の受給権を取得した当時法37条の2第1項（遺族の範囲）に規定する要件に該当し、かつ、その者と生計を同じくした子につきそれぞれ**74,900**円に改定率を乗じて得た額（そのうち2人までについては、それぞれ**224,700**円に改定率を乗じて得た額）を加算した額とする。

2　配偶者に支給する遺族基礎年金については、上記1に規定する子が2人以上ある場合であって、その子のうち1人を除いた子の1人又は2人以上が、配偶者以外の者の養子となったときは、その該当するに至った日の属する月の翌月から、その該当するに至った子の数に応じて、年金額を改定する。

第1章 国民年金法

問題41 遺族基礎年金の支給停止　難易度 B

Check欄 A☐☐☐ B☐☐☐ C☐☐☐ D☐☐☐ E☐☐☐

1　遺族基礎年金は、当該被保険者又は被保険者であった者の死亡について、　A　が行われるべきものであるときは、死亡日から　B　、その支給を停止する。

2　子に対する遺族基礎年金は、配偶者が遺族基礎年金の受給権を有するとき（配偶者に対する遺族基礎年金が受給権者の申出又は下記3によりその支給が停止されているときを除く。）、又は生計を同じくするその子の　C　があるときは、その間、その支給を停止する。

3　配偶者に対する遺族基礎年金は、その者の所在が　D　明らかでないときは、遺族基礎年金の受給権を有する子の申請によって、　E　、その支給を停止するが、配偶者は、いつでも、この支給の停止の解除を申請することができる。

選択肢

① 1年6か月以上　　② 1年以上　　③ 1年間
④ 3年間　　　　　　⑤ 4年以上　　⑥ 5年間
⑦ 6か月以上　　　　⑧ 6年間
⑨ その所在が明らかでなくなった時に遡って
⑩ その所在が明らかでなくなった日から1年を経過した日に
⑪ 父　　　　　　　　⑫ 父若しくは母
⑬ 直系血族若しくは直系姻族
⑭ 当該申請があった日の属する月から
⑮ 当該申請があった日の属する月の翌月から　　⑯ 母
⑰ 労働基準法の規定による遺族補償
⑱ 労働基準法の規定による障害補償
⑲ 労働者災害補償保険法の規定による死亡を支給事由とする年金たる給付
⑳ 労働者災害補償保険法の規定による年金たる給付

解 答

A	⑰	労働基準法の規定による遺族補償	（法41条）
B	⑧	6年間	（法41条）
C	⑫	父若しくは母	（法41条）
D	②	1年以上	（法41条の2）
E	⑨	その所在が明らかでなくなった時に遡って	（法41条の2）

完成文

1　遺族基礎年金は、当該被保険者又は被保険者であった者の死亡について、**労働基準法の規定による遺族補償**が行われるべきものであるときは、死亡日から**6年間**、その支給を停止する。

2　子に対する遺族基礎年金は、<u>配偶者</u>が遺族基礎年金の受給権を有するとき（<u>配偶者</u>に対する遺族基礎年金が受給権者の申出又は下記3によりその支給が停止されているときを除く。）、又は<u>生計を同じく</u>するその子の**父若しくは母**があるときは、その間、その支給を停止する。

3　配偶者に対する遺族基礎年金は、その者の所在が**1年以上**明らかでないときは、遺族基礎年金の受給権を有する子の申請によって、**その所在が明らかでなくなった時に遡って**、その支給を停止するが、配偶者は、いつでも、この支給の停止の解除を申請することができる。

問題42 遺族基礎年金の失権　難易度 B

Check欄 A□□□ B□□□ C□□□ D□□□ E□□□

1 遺族基礎年金の受給権は、受給権者が以下のいずれかに該当するに至ったときは、消滅する。

ア　死亡したとき。

イ　　A　　とき。

ウ　養子となったとき。（　B　の養子となったときを除く。）

2 配偶者の有する遺族基礎年金の受給権は、上記1の規定によって消滅するほか、第39条第1項に規定する子が1人であるときはその子が、同項に規定する子が2人以上であるときは同時に又は時を異にしてその全ての子が、以下のいずれかに該当するに至ったときは、消滅する。

ア　死亡したとき。

イ　　A　　とき。

ウ　　C　　以外の者の養子となったとき。

エ　　D　　によって、死亡した被保険者又は被保険者であった者の子でなくなったとき。

オ　　C　　と生計を同じくしなくなったとき。

カ　18歳に達した日以後の最初の3月31日が終了したとき。ただし、障害等級に該当する障害の状態にあるときを除く。

キ　障害等級に該当する障害の状態にある子について、その事情がやんだとき。ただし、その子が18歳に達する日以後の最初の3月31日までの間にあるときを除く。

ク　　E　　に達したとき。

第1章 国民年金法

―選択肢―
① 18歳
② 20歳
③ 22歳
④ 25歳
⑤ 姻族
⑥ 血族
⑦ 婚姻の取消し
⑧ 婚姻の無効
⑨ 婚姻をした
⑩ 実家に復籍して旧姓に復した
⑪ 親族
⑫ 父又は母
⑬ 直系姻族
⑭ 直系血族
⑮ 直系血族又は直系姻族
⑯ 日本国内に住所を有しなくなった
⑰ 配偶者
⑱ 被保険者となった
⑲ 離縁
⑳ 離別

第 1 章　国民年金法

解　答

A　⑨　**婚姻をした**　　　　　　　（法40条）
B　⑮　**直系血族又は直系姻族**　　（法40条）
C　⑰　**配偶者**　　　　　　　　　（法40条）
D　⑲　**離縁**　　　　　　　　　　（法40条）
E　②　**20歳**　　　　　　　　　　（法40条）

完成文

1 遺族基礎年金の受給権は、受給権者が以下のいずれかに該当するに至ったときは、消滅する。

ア 死亡したとき。

イ 婚姻をしたとき。

ウ 養子となったとき。（直系血族又は直系姻族の養子となったときを除く。）

2 配偶者の有する遺族基礎年金の受給権は、上記1の規定によって消滅するほか、第39条第1項に規定する子が1人であるときはその子が、同項に規定する子が2人以上であるときは同時に又は時を異にしてその**全ての子**が、以下のいずれかに該当するに至ったときは、消滅する。

ア 死亡したとき。

イ 婚姻をしたとき。

ウ 配偶者以外の者の養子となったとき。

エ 離縁によって、死亡した被保険者又は被保険者であった者の子でなくなったとき。

オ 配偶者と**生計を同じく**しなくなったとき。

カ **18**歳に達した日以後の最初の**3月31日**が終了したとき。ただし、障害等級に該当する障害の状態にあるときを除く。

キ 障害等級に該当する障害の状態にある子について、その事情がやんだとき。ただし、その子が**18**歳に達する日以後の最初の**3月31日**までの間にあるときを除く。

ク 20歳に達したとき。

問題43　付加年金

難易度 C

Check欄　A□□□　B□□□　C□□□　D□□□　E□□□

1　付加年金は、付加保険料に係る　A　を有する者が　B　の受給権を取得したときに、その者に支給する。

2　付加年金の額は、　C　に付加保険料に係る　A　の月数を乗じて得た額とする。

3　　D　又は　D　連合会が解散したときは、その解散前に納付された掛金に係る期間で一定のもの等は、付加保険料に係る　A　とみなして、付加年金を支給する。

4　付加年金は、　B　がその　E　につき支給を停止されているときは、その間、その支給を停止する。

選択肢

① 100円
② 200円
③ 300円
④ 400円
⑤ 遺族基礎年金
⑥ 一部の額
⑦ 合算対象期間
⑧ 寡婦年金
⑨ 健康保険組合
⑩ 国民健康保険組合
⑪ 国民年金基金
⑫ 国民年金事務組合
⑬ 全額
⑭ 全部又は一部の額
⑮ 年金たる給付
⑯ 半額
⑰ 保険料納付済期間又は保険料半額免除期間
⑱ 保険料納付済期間
⑲ 保険料納付済期間又は保険料免除期間
⑳ 老齢基礎年金

第1章 国民年金法

解答

- A ⑱ **保険料納付済期間** (法43条、44条、45条)
- B ⑳ **老齢基礎年金** (法43条、47条)
- C ② **200円** (法44条)
- D ⑪ **国民年金基金** (法45条)
- E ⑬ **全額** (法47条)

完成文

1　付加年金は、付加保険料に係る保険料納付済期間を有する者が老齢基礎年金の受給権を取得したときに、その者に支給する。

2　付加年金の額は、200円に付加保険料に係る保険料納付済期間の月数を乗じて得た額とする。

3　国民年金基金又は国民年金基金連合会が解散したときは、その解散前に納付された掛金に係る期間で一定のもの等は、付加保険料に係る保険料納付済期間とみなして、付加年金を支給する。

4　付加年金は、老齢基礎年金がその全額につき支給を停止されているときは、その間、その支給を停止する。

問題44　寡婦年金(1)　難易度 C

Check欄 A□□□　B□□□　C□□□　D□□□　E□□□

1　寡婦年金は、死亡日の前日において死亡日の属する　A　までの第1号被保険者としての被保険者期間に係る保険料納付済期間と保険料免除期間とを合算した期間が　B　以上である夫（保険料納付済期間又は学生納付特例の規定により納付することを要しないものとされた保険料に係る期間以外の保険料免除期間を有する者に限る。）が死亡した場合において、夫の死亡の当時夫によって生計を維持し、かつ、夫との婚姻関係（届出をしていないが、事実上婚姻関係と同様の事情にある場合を含む。）が　B　以上継続した　C　未満の妻があるときに、その者に支給する。ただし、　D　の支給を受けたことがある夫が死亡したときは、この限りでない。

2　60歳未満の妻に支給する寡婦年金は、妻が　E　から、その支給を始める。

選択肢

① 5年　　② 10年　　③ 15年
④ 20年　　⑤ 55歳　　⑥ 60歳
⑦ 60歳に達した日の属する月
⑧ 60歳に達した日の属する月の翌月　　⑨ 65歳
⑩ 65歳に達した日の属する月
⑪ 65歳に達した日の属する月の翌月　　⑫ 70歳
⑬ 遺族基礎年金　　⑭ 障害基礎年金又は遺族基礎年金
⑮ 月　　⑯ 月の前月　　⑰ 月の前々月
⑱ 月の翌月　　⑲ 年金たる給付
⑳ 老齢基礎年金又は障害基礎年金

第1章 国民年金法

解答

A	⑯	月の前月	（法49条）
B	②	10年	（法49条）
C	⑨	65歳	（法49条）
D	⑳	老齢基礎年金又は障害基礎年金	（法49条）
E	⑧	60歳に達した日の属する月の翌月	（法49条）

完成文

1 寡婦年金は、死亡日の前日において死亡日の属する月の前月までの第1号被保険者としての被保険者期間に係る保険料納付済期間と保険料免除期間とを合算した期間が10年以上である夫（保険料納付済期間又は学生納付特例の規定により納付することを要しないものとされた保険料に係る期間以外の保険料免除期間を有する者に限る。）が死亡した場合において、夫の死亡の当時夫によって生計を維持し、かつ、夫との婚姻関係（届出をしていないが、事実上婚姻関係と同様の事情にある場合を含む。）が10年以上継続した65歳未満の妻があるときに、その者に支給する。ただし、老齢基礎年金又は障害基礎年金の支給を受けたことがある夫が死亡したときは、この限りでない。

2 60歳未満の妻に支給する寡婦年金は、妻が60歳に達した日の属する月の翌月から、その支給を始める。

問題45 寡婦年金(2) 難易度 B

Check欄 A□□□ B□□□ C□□□ D□□□ E□□□

1　寡婦年金の額は、死亡日の属する月の前月までの第1号被保険者としての被保険者期間に係る死亡日の前日における保険料納付済期間及び保険料免除期間につき、第27条(老齢基礎年金の額)の規定の例によって計算した　A　とする。

2　寡婦年金は、当該夫の死亡について　B　が行われるべきものであるときは、　C　、その支給を停止する。

3　寡婦年金の受給権は、受給権者が　D　に達したとき、又は第40条第1項各号(遺族基礎年金の受給権の消滅事由)のいずれかに該当するに至ったときは、消滅する。

　　また、　E　の受給権を取得したときも、消滅する。

選択肢

① 55歳
② 60歳
③ 60歳に達した日から5年間
④ 60歳に達した日から6年間
⑤ 65歳
⑥ 70歳
⑦ 遺族基礎年金
⑧ 額
⑨ 額の2分の1に相当する額
⑩ 額の3分の2に相当する額
⑪ 額の4分の3に相当する額
⑫ 繰上げ支給の老齢基礎年金
⑬ 死亡日から5年間
⑭ 死亡日から6年間
⑮ 障害基礎年金
⑯ 他の年金たる給付
⑰ 労働基準法の規定による遺族補償
⑱ 労働基準法の規定による障害補償
⑲ 労働者災害補償保険法の規定による死亡を支給事由とする年金たる給付
⑳ 労働者災害補償保険法の規定による年金たる給付

第1章　国民年金法

解　答

A	⑪	**額の4分の3に相当する額**	（法50条）
B	⑰	**労働基準法の規定による遺族補償**	（法52条）
C	⑭	**死亡日から6年間**	（法52条）
D	⑤	**65歳**	（法51条）
E	⑫	**繰上げ支給の老齢基礎年金**	（法附則9条の2）

完成文

1　寡婦年金の額は、死亡日の属する<u>月の前月</u>までの第1号被保険者としての被保険者期間に係る死亡日の<u>前日</u>における保険料納付済期間及び保険料免除期間につき、第27条（老齢基礎年金の額）の規定の例によって計算した額の4分の3に相当する額とする。

2　寡婦年金は、当該夫の死亡について労働基準法の規定による遺族補償が行われるべきものであるときは、死亡日から6年間、その支給を停止する。

3　寡婦年金の受給権は、受給権者が65歳に達したとき、又は第40条第1項各号（遺族基礎年金の受給権の消滅事由）のいずれかに該当するに至ったときは、消滅する。

　また、繰上げ支給の老齢基礎年金の受給権を取得したときも、消滅する。

問題46 死亡一時金(1)　難易度 C

Check欄 A☐☐☐ B☐☐☐ C☐☐☐ D☐☐☐ E☐☐☐

1　死亡一時金は、死亡日の前日において死亡日の属する月の前月までの第1号被保険者としての被保険者期間に係る保険料納付済期間の月数、保険料4分の1免除期間の月数の　A　に相当する月数、保険料半額免除期間の月数の2分の1に相当する月数、及び保険料4分の3免除期間の月数の　B　に相当する月数を合算した月数が　C　以上である者が死亡した場合において、その者に遺族があるときに、その遺族に支給する。ただし、　D　の支給を受けたことがある者が死亡したときは、この限りでない。

2　死亡一時金は、死亡した者の死亡日においてその者の死亡により　E　を受けることができる者があるときは支給しない。ただし、当該死亡日の属する月に当該　E　の受給権が消滅したときを除く。

選択肢
① 3分の1　　② 3分の2　　③ 4分の1
④ 4分の3　　⑤ 6か月　　⑥ 8分の1
⑦ 8分の3　　⑧ 8分の5　　⑨ 8分の7
⑩ 36か月　　⑪ 60か月　　⑫ 180か月
⑬ 遺族基礎年金　⑭ 遺族補償　⑮ 遺族補償年金
⑯ 寡婦年金　　⑰ 障害基礎年金及び遺族基礎年金
⑱ 老齢基礎年金
⑲ 老齢基礎年金、障害基礎年金及び遺族基礎年金
⑳ 老齢基礎年金又は障害基礎年金

第1章　国民年金法

解　答

A	④	4分の3	（法52条の2）
B	③	4分の1	（法52条の2）
C	⑩	36か月	（法52条の2）
D	⑳	老齢基礎年金又は障害基礎年金	（法52条の2）
E	⑬	遺族基礎年金	（法52条の2）

完成文

1　死亡一時金は、死亡日の<u>前日</u>において死亡日の属する<u>月の前月</u>までの第1号被保険者としての被保険者期間に係る保険料納付済期間の月数、保険料4分の1免除期間の月数の4分の3に相当する月数、保険料半額免除期間の月数の<u>2分の1</u>に相当する月数、及び保険料4分の3免除期間の月数の4分の1に相当する月数を合算した月数が36か月以上である者が死亡した場合において、その者に遺族があるときに、その遺族に支給する。ただし、老齢基礎年金又は障害基礎年金の支給を受けたことがある者が死亡したときは、この限りでない。

2　死亡一時金は、死亡した者の死亡日においてその者の死亡により遺族基礎年金を受けることができる者があるときは支給しない。ただし、当該死亡日の属する月に当該遺族基礎年金の受給権が消滅したときを除く。

問題47 死亡一時金(2) 難易度 C

Check欄 A□□□ B□□□ C□□□ D□□□ E□□□

1 死亡一時金を受けることができる遺族は、死亡した者の　A　であって、その者の死亡の当時　B　ものとする。

2 死亡一時金を受けるべき者の順位は、上記1の順序による。

3 死亡一時金の額は、死亡日の前日において死亡日の属する月の前月までの第1号被保険者としての被保険者期間に係る保険料納付済期間の月数、保険料4分の1免除期間の月数の4分の3に相当する月数、保険料半額免除期間の月数の2分の1に相当する月数、及び保険料4分の3免除期間の月数の4分の1に相当する月数とを合算した月数に応じて、120,000円から320,000円の範囲内で支給するが、その者についての付加保険料に係る保険料納付済期間が　C　以上である場合には、その額に　D　を加算する。

4 死亡一時金の支給を受ける者が、死亡一時金の支給要件に該当する者の死亡により　E　を受けることができるときは、その者の選択により、死亡一時金と　E　とのうち、その一方を支給し、他方は支給しない。

―― 第1章 国民年金法

選択肢

① 3年　　　　　　② 5年　　　　　　③ 6か月
④ 15年　　　　　　⑤ 7,500円　　　　⑥ 8,500円
⑦ 10,000円　　　　⑧ 76,400円　　　 ⑨ 遺族基礎年金
⑩ 遺族厚生年金　　⑪ 寡婦年金
⑫ 主としてその者により生計を維持していた
⑬ その者と生計を同じくしていた
⑭ その者と同一の世帯に属していた
⑮ その者により生計を維持していた
⑯ 配偶者、子、父母、祖父母、孫又は兄弟姉妹
⑰ 配偶者、子、父母、祖父母又は孫
⑱ 配偶者、子、父母、孫、祖父母又は兄弟姉妹
⑲ 配偶者、子、父母、孫又は祖父母
⑳ 労働者災害補償保険法の規定による遺族補償年金又は遺族年金

解 答

A	⑱	配偶者、子、父母、孫、祖父母又は兄弟姉妹	（法52条の3）
B	⑬	その者と生計を同じくしていた	（法52条の3）
C	①	3年	（法52条の4）
D	⑥	8,500円	（法52条の4）
E	⑪	寡婦年金	（法52条の6）

完成文

1. 死亡一時金を受けることができる遺族は、死亡した者の配偶者、子、父母、孫、祖父母又は兄弟姉妹であって、その者の死亡の当時その者と生計を同じくしていたものとする。
2. 死亡一時金を受けるべき者の順位は、上記1の順序による。
3. 死亡一時金の額は、死亡日の**前日**において死亡日の属する**月の前月**までの第1号被保険者としての被保険者期間に係る保険料納付済期間の月数、保険料4分の1免除期間の月数の**4分の3**に相当する月数、保険料半額免除期間の月数の**2分の1**に相当する月数、及び保険料4分の3免除期間の月数の**4分の1**に相当する月数とを合算した月数に応じて、**120,000**円から**320,000**円の範囲内で支給するが、その者についての付加保険料に係る保険料納付済期間が3年以上である場合には、その額に8,500円を加算する。
4. 死亡一時金の支給を受ける者が、死亡一時金の支給要件に該当する者の死亡により寡婦年金を受けることができるときは、その者の選択により、死亡一時金と寡婦年金とのうち、その一方を支給し、他方は**支給しない**。

問題48 脱退一時金

Check欄 A □□□ B □□□ C □□□ D □□□ E □□□

1 保険料納付済期間等の月数(請求の日の前日において請求の日の属する月の前月までの　A　に係る保険料納付済期間の月数、保険料4分の1免除期間の月数の4分の3に相当する月数、保険料半額免除期間の月数の2分の1に相当する月数及び保険料4分の3免除期間の月数の4分の1に相当する月数を合算した月数をいう。下記2において同じ。)が　B　以上である　C　(被保険者でない者に限る。)であって、老齢基礎年金等の受給資格期間を満たしていないものは、脱退一時金の支給を請求することができる。ただし、その者が以下のいずれかに該当するときは、この限りでない。

ア　日本国内に住所を有するとき。

イ　障害基礎年金その他政令で定める給付の受給権を有したことがあるとき。

ウ　最後に被保険者の資格を喪失した日(同日において日本国内に住所を有していた者にあっては、同日後初めて、日本国内に住所を有しなくなった日)から起算して　D　を経過しているとき。

2 脱退一時金の額は、基準月の属する年度における保険料の額に　E　に保険料納付済期間等の月数に応じて政令で定める数を乗じて得た額とする。

3 脱退一時金の支給を受けたときは、支給を受けた者は、その額の計算の基礎となった第1号被保険者としての被保険者であった期間は被保険者でなかったものとみなす。

第1章　国民年金法

選択肢

① 2年
② 2分の1を乗じて得た額
③ 3か月
④ 3分の1を乗じて得た額
⑤ 3分の2を乗じて得た額
⑥ 4年
⑦ 4分の3を乗じて得た額
⑧ 6か月
⑨ 6年
⑩ 12か月
⑪ 36か月
⑫ 60か月
⑬ 第1号被保険者としての被保険者期間
⑭ 第2号被保険者としての被保険者期間
⑮ 第3号被保険者としての被保険者期間
⑯ 日本国籍を有する者
⑰ 日本国内に住所を有しない者
⑱ 日本国内に住所を有する者
⑲ 日本国籍を有しない者
⑳ 被保険者期間

解 答

A	⑬	第1号被保険者としての被保険者期間	（法附則9条の3の2）
B	⑧	6か月	（法附則9条の3の2）
C	⑲	日本国籍を有しない者	（法附則9条の3の2）
D	①	2年	（法附則9条の3の2）
E	②	2分の1を乗じて得た額	（法附則9条の3の2）

> **完成文**

1 保険料納付済期間等の月数(請求の日の<u>前日</u>において請求の日の属する<u>月の前月</u>までの第1号被保険者としての被保険者期間に係る保険料納付済期間の月数、保険料4分の1免除期間の月数の<u>4分の3</u>に相当する月数、保険料半額免除期間の月数の<u>2分の1</u>に相当する月数及び保険料4分の3免除期間の月数の<u>4分の1</u>に相当する月数を合算した月数をいう。下記2において同じ。)が6か月以上である日本国籍を有しない者(<u>被保険者でない者</u>に限る。)であって、老齢基礎年金等の受給資格期間を満たしていないものは、脱退一時金の支給を請求することができる。ただし、その者が以下のいずれかに該当するときは、この限りでない。

ア <u>日本国内</u>に住所を有するとき。

イ <u>障害基礎年金</u>その他政令で定める給付の受給権を有したことがあるとき。

ウ 最後に被保険者の資格を喪失した日(同日において日本国内に住所を有していた者にあっては、同日後初めて、日本国内に住所を有しなくなった日)から起算して2年を経過しているとき。

2 脱退一時金の額は、基準月の属する年度における保険料の額に2分の1を乗じて得た額に保険料納付済期間等の月数に応じて政令で定める数を乗じて得た額とする。

3 脱退一時金の支給を受けたときは、支給を受けた者は、その額の計算の基礎となった第1号被保険者としての被保険者であった期間は<u>被保険者でなかった</u>ものとみなす。

問題49 給付の制限

Check欄 A□□□ B□□□ C□□□ D□□□ E□□□

1 　　A　　障害又はその　　B　　となった事故を生じさせた者の当該障害については、これを支給事由とする障害基礎年金は、支給しない。

2 　　C　　、又は正当な理由がなくて療養に関する指示に従わないことにより、障害若しくはその原因となった事故を生じさせ、又は障害の程度を増進させた者の当該障害については、これを支給事由とする給付は、　　D　　。

3 　受給権者が、正当な理由がなくて、第105条第3項の規定による届出をせず、又は書類その他の物件を提出しないときは、年金給付　　E　　。

選択肢

① 著しい不行跡により
② 遠因
③ 原因
④ 故意に
⑤ 故意に又は著しい不行跡により
⑥ 故意に又は故意の犯罪行為により
⑦ 故意に又は重大な過失により
⑧ 故意の犯罪行為により
⑨ 故意の犯罪行為若しくは重大な過失により
⑩ 支給しない
⑪ 重大な過失により
⑫ 主要な原因
⑬ その一部を行わないことができる
⑭ その額の全部又は一部につき、その支給を停止することができる
⑮ その全部又は一部を行わないことができる
⑯ 直接の原因
⑰ の支給を停止しなければならない
⑱ の支給を停止することができる
⑲ の支払を一時差し止めなければならない
⑳ の支払を一時差し止めることができる

第1章 国民年金法

解 答

A	④	故意に	（法69条）
B	⑯	直接の原因	（法69条）
C	⑨	故意の犯罪行為若しくは重大な過失により	（法70条）
D	⑮	その全部又は一部を行わないことができる	（法70条）
E	⑳	の支払を一時差し止めることができる	（法73条）

完成文

1 故意に障害又はその直接の原因となった事故を生じさせた者の当該障害については、これを支給事由とする障害基礎年金は、<u>支給しない</u>。

2 故意の犯罪行為若しくは重大な過失により、又は<u>正当な理由がなくて療養に関する指示に従わない</u>ことにより、障害若しくはその<u>原因</u>となった事故を生じさせ、又は障害の程度を増進させた者の当該障害については、これを支給事由とする給付は、その全部又は一部を行わないことができる。

3 受給権者が、正当な理由がなくて、第105条第3項の規定による届出をせず、又は書類その他の物件を提出しないときは、年金給付の支払を一時差し止めることができる。

第1章 国民年金法

問題50 年金額の改定率の改定(1) 　難易度 A

Check欄 A□□□　B□□□　C□□□　D□□□　E□□□

1　国民年金法による年金の額は、国民の　A　その他の諸事情に著しい変動が生じた場合には、変動後の諸事情に応ずるため、速やかに改定の措置が講ぜられなければならない。

2　改定率については、毎年度、　B　を基準として改定し、当該年度の４月以降の年金たる給付について適用する。

3　受給権者が　C　歳に達した日の属する年度の初日の属する年の　D　年後の年の４月１日の属する年度(基準年度)以後において適用される改定率(基準年度以後改定率)の改定については、上記2の規定にかかわらず、　E　(　E　が　B　を上回るときは、　B　)を基準とする。

選択肢
① １　　② ３　　③ ５　　④ 10
⑤ 55　　⑥ 60　　⑦ 65　　⑧ 70
⑨ 可処分所得割合　　⑩ 再評価率
⑪ 実質賃金変動率　　⑫ 生活水準
⑬ 調整率　　　　　　⑭ 賃金水準
⑮ 年齢構成　　　　　⑯ 被保険者数変動率
⑰ 物価変動率　　　　⑱ 平均余命
⑲ 名目賃金変動率　　⑳ 名目手取り賃金変動率

解答

A ⑫ **生活水準** （法4条）
B ⑳ **名目手取り賃金変動率** （法27条の2）
C ⑦ **65** （法27条の3）
D ② **3** （法27条の3）
E ⑰ **物価変動率** （法27条の3）

完成文

1 国民年金法による年金の額は、国民の生活水準その他の諸事情に著しい変動が生じた場合には、変動後の諸事情に応ずるため、速やかに<u>改定の措置</u>が講ぜられなければならない。

2 改定率については、毎年度、名目手取り賃金変動率を基準として改定し、当該年度の<u>4</u>月以降の年金たる給付について適用する。

3 受給権者が65歳に達した日の属する年度の初日の属する年の3年後の年の<u>4</u>月1日の属する年度(基準年度)以後において適用される改定率(基準年度以後改定率)の改定については、上記2の規定にかかわらず、物価変動率(物価変動率が名目手取り賃金変動率を上回るときは、名目手取り賃金変動率)を基準とする。

問題51　年金額の改定率の改定(2)　難易度 A

Check欄 A□□□　B□□□　C□□□　D□□□　E□□□

　改定率については、毎年度、下記1に掲げる率(物価変動率)に下記2及び下記3に掲げる率を乗じて得た率(名目手取り賃金変動率)を基準として改定し、当該年度の　A　以降の年金たる給付について適用する。

1　当該年度の初日の属する年の前々年の物価指数(総務省において作成する年平均の全国消費者物価指数をいう。以下同じ。)に対する当該年度の初日の属する年の前年の物価指数の比率

2　イに掲げる率をロに掲げる率で除して得た率の三乗根となる率
　イ　当該年度の初日の属する年の　B　の年の4月1日の属する年度における厚生年金保険の被保険者に係る標準報酬平均額に対する当該年度の前々年度における厚生年金保険の被保険者に係る標準報酬平均額の比率
　ロ　当該年度の初日の属する年の　B　の年における物価指数に対する当該年度の初日の属する年の前々年における物価指数の比率

3　イに掲げる率をロに掲げる率で除して得た率
　イ　　C　から当該年度の初日の属する年の　D　の年の9月1日における厚生年金保険法の規定による保険料率(以下「保険料率」という。)の　E　に相当する率を控除して得た率
　ロ　　C　から当該年度の初日の属する年の4年前の年の9月1日における保険料率の　E　に相当する率を控除して得た率

選択肢

① 0.710　　② 0.810　　③ 0.910
④ 1.010　　⑤ 1月　　⑥ 2分の1
⑦ 3年前　　⑧ 3分の1　　⑨ 4月
⑩ 4年前　　⑪ 4分の1　　⑫ 5年前
⑬ 5分の1　　⑭ 6年前　　⑮ 10月
⑯ 7年前　　⑰ 8月　　⑱ 8年前
⑲ 前々年　　⑳ 前年

第1章 国民年金法

解 答

- A ⑨ 4月　　　（法27条の2）
- B ⑫ 5年前　　（法27条の2）
- C ③ 0.910　　（法27条の2）
- D ⑦ 3年前　　（法27条の2）
- E ⑥ 2分の1　（法27条の2）

完成文

　改定率については、毎年度、下記1に掲げる率（物価変動率）に下記2及び下記3に掲げる率を乗じて得た率（名目手取り賃金変動率）を基準として改定し、当該年度の4月以降の年金たる給付について適用する。

1　当該年度の初日の属する年の**前々年**の物価指数（総務省において作成する年平均の**全国消費者物価指数**をいう。以下同じ。）に対する当該年度の初日の属する年の**前年**の物価指数の比率

2　イに掲げる率をロに掲げる率で除して得た率の三乗根となる率
　イ　当該年度の初日の属する年の5年前の年の**4**月1日の属する年度における厚生年金保険の被保険者に係る標準報酬平均額に対する当該年度の**前々年度**における厚生年金保険の被保険者に係る標準報酬平均額の比率
　ロ　当該年度の初日の属する年の5年前の年における物価指数に対する当該年度の初日の属する年の**前々年**における物価指数の比率

3　イに掲げる率をロに掲げる率で除して得た率
　イ　0.910から当該年度の初日の属する年の3年前の年の**9**月1日における厚生年金保険法の規定による保険料率（以下「保険料率」という。）の2分の1に相当する率を控除して得た率
　ロ　0.910から当該年度の初日の属する年の**4年前**の年の**9**月1日における保険料率の2分の1に相当する率を控除して得た率

問題52 調整期間における改定率の改定の特例　難易度 A

Check欄 A□□□ B□□□ C□□□ D□□□ E□□□

1　政府は、財政の現況及び見通しを作成するに当たり、国民年金事業の財政が、　A　の終了時に給付の支給に支障が生じないようにするために必要な　B　を保有しつつ当該　A　にわたってその均衡を保つことができないと見込まれる場合には、年金たる給付（　C　を除く。）の額（給付額）を調整するものとし、政令で、給付額を調整する期間（調整期間）の開始年度を定め、財政の現況及び見通しにおいて、調整を行う必要がなくなったと認められるときは、政令で、調整期間の終了年度を定める。

2　調整期間における改定率の改定については、名目手取り賃金変動率に　D　に当該年度の前年度の特別　D　を乗じて得た率を乗じて得た率（当該率が　E　を下回るときは　E　。）を基準とする。

3　上記2の　D　は、アに掲げる率にイに掲げる率を乗じて得た率（当該率が　E　を上回るときは、　E　）をいう。

　ア　当該年度の初日の属する年の5年前の年の4月1日の属する年度における公的年金被保険者総数に対する当該年度の前々年度における公的年金被保険者総数の比率の3乗根となる率

　イ　0.997

4　名目手取り賃金変動率が　E　を下回る場合の調整期間における改定率の改定については、上記2の規定にかかわらず、名目手取り賃金変動率を基準とする。

5　調整期間における基準年度以後改定率の改定については、上記2・4の規定にかかわらず、物価変動率（物価変動率が名目手取り賃金変動率を上回るときは、名目手取り賃金変動率）に　D　に当該年度の前年度の基準年度以後特別　D　を乗じて得た率を乗じて得た率（当該率が

　　　　E　を下回るときは　　E　　。)を基準とする。
6　次のア・イに掲げる場合の調整期間における基準年度以後改定率の改定については、上記5の規定にかかわらず、下記ア・イに定める率を基準とする。
　ア　物価変動率が　　E　　を下回るとき(イに掲げる場合を除く。)
　　　物価変動率
　イ　物価変動率が名目手取り賃金変動率を上回り、かつ、名目手取り賃金変動率が　　E　　を下回るとき
　　　名目手取り賃金変動率

選択肢
① 1　　　　　　　　② 寡婦年金　　　　　　③ 基礎年金
④ 基礎年金拠出金　　⑤ 公的年金被保険者数変動率
⑥ 財源　　　　　　　⑦ 財政期間　　　　　　⑧ 財政均衡期間
⑨ 財政検証期間　　　⑩ 財政調整期間　　　　⑪ 再評価率
⑫ 算出率　　　　　　⑬ 修正率　　　　　　　⑭ 受給者増加率
⑮ 調整率　　　　　　⑯ 積立金　　　　　　　⑰ 付加年金
⑱ 保険料収入　　　　⑲ 名目賃金変動率　　　⑳ 老齢基礎年金

第1章　国民年金法

解答

A　⑧　財政均衡期間　（法16条の2）
B　⑯　積立金　（法16条の2）
C　⑰　付加年金　（法16条の2）
D　⑮　調整率　（法27条の4、27条の5）
E　①　1　（法27条の4、27条の5）

完成文

1　政府は、**財政の現況及び見通し**を作成するに当たり、国民年金事業の財政が、財政均衡期間の終了時に給付の支給に支障が生じないようにするために必要な積立金を保有しつつ当該財政均衡期間にわたってその**均衡**を保つことができないと見込まれる場合には、年金たる給付（付加年金を除く。）の額（給付額）を**調整**するものとし、政令で、給付額を**調整**する期間（**調整**期間）の開始年度を定め、**財政の現況及び見通し**において、**調整**を行う必要がなくなったと認められるときは、政令で、**調整**期間の終了年度を定める。

2　**調整**期間における改定率の改定については、**名目手取り賃金**変動率に調整率に当該年度の前年度の**特別調整率**を乗じて得た率を乗じて得た率（当該率が1を下回るときは1。）を基準とする。

3　上記2の調整率は、アに掲げる率にイに掲げる率を乗じて得た率（当該率が1を上回るときは、1）をいう。

　ア　当該年度の初日の属する年の5年前の年の4月1日の属する年度における公的年金被保険者総数に対する当該年度の前々年度における公的年金被保険者総数の比率の3乗根となる率

　イ　0.997

4　**名目手取り賃金**変動率が1を下回る場合の**調整**期間における改定率の改定については、上記2の規定にかかわらず、**名目手取り賃金**変動率を基準とする。

5 **調整**期間における基準年度以後改定率の改定については、上記2・4の規定にかかわらず、**物価**変動率(**物価**変動率が**名目手取り賃金**変動率を上回るときは、**名目手取り賃金**変動率)に調整率に当該年度の前年度の基準年度以後**特別調整率**を乗じて得た率を乗じて得た率(当該率が1を下回るときは1。)を基準とする。

6 次のア・イに掲げる場合の**調整**期間における基準年度以後改定率の改定については、上記5の規定にかかわらず、下記ア・イに定める率を基準とする。

ア **物価**変動率が1を下回るとき(イに掲げる場合を除く。)

物価変動率

イ **物価**変動率が**名目手取り賃金**変動率を上回り、かつ、**名目手取り賃金**変動率が1を下回るとき

名目手取り賃金変動率

問題53 未支給年金、申出による支給停止 　難易度 B

Check欄 A□□□ B□□□ C□□□ D□□□ E□□□

1. 年金給付の受給権者が死亡した場合において、その死亡した者に支給すべき年金給付でまだその者に支給しなかったものがあるときは、その者の　A　であって、その者の死亡の当時その者と生計を同じくしていたものは、自己の名で、その未支給の年金の支給を請求することができる。

2. 上記1の場合において、死亡した者が　B　の受給権者であったときは、その者の死亡の当時当該　B　の支給の要件となり、又はその額の加算の対象となっていた被保険者又は被保険者であった者の　C　は、上記1に規定する　C　とみなす。

3. 年金給付（他の規定又は他の法令の規定によりその全額につき支給を停止されている年金給付を除く。）は、その受給権者の申出により、その　D　の支給を停止する。ただし、他の規定又は他の法令の規定によりその額の一部につき支給を停止されているときは、停止されていない部分の額の支給を停止する。

4. 上記3の申出は、　E　撤回することができる。

選択肢

① 3親等内の親族
② 100分の20相当額
③ 遺族基礎年金
④ 一部の額
⑤ いつでも、さかのぼって
⑥ いつでも、将来に向かって
⑦ 寡婦年金
⑧ 子
⑨ 障害基礎年金
⑩ 親族
⑪ 全額
⑫ 全部又は一部
⑬ 配偶者、子、父母、孫、祖父母、兄弟姉妹又はこれらの者以外の3親等内の親族
⑭ 配偶者、子、父母、孫、祖父母又は兄弟姉妹
⑮ 配偶者、子又は父母
⑯ 配偶者又は子
⑰ 孫
⑱ 申出日から1年経過後、さかのぼって
⑲ 申出日から1年経過後、将来に向かって
⑳ 老齢基礎年金

解 答

- A ⑬ 配偶者、子、父母、孫、祖父母、兄弟姉妹又はこれらの者以外の3親等内の親族　　（法19条）
- B ③ 遺族基礎年金　　（法19条）
- C ⑧ 子　　（法19条）
- D ⑪ 全額　　（法20条の2）
- E ⑥ いつでも、将来に向かって　　（法20条の2）

> **完成文**

1 年金給付の受給権者が死亡した場合において、その死亡した者に支給すべき年金給付でまだその者に支給しなかったものがあるときは、その者の配偶者、子、父母、孫、祖父母、兄弟姉妹又はこれらの者以外の3親等内の親族であって、その者の死亡の当時その者と**生計を同じく**していたものは、**自己の名**で、その未支給の年金の支給を請求することができる。

2 上記1の場合において、死亡した者が遺族基礎年金の受給権者であったときは、その者の死亡の当時当該遺族基礎年金の支給の要件となり、又はその額の加算の対象となっていた被保険者又は被保険者であった者の子は、上記1に規定する子とみなす。

3 年金給付(他の規定又は他の法令の規定によりその全額につき支給を停止されている年金給付を除く。)は、その受給権者の申出により、その全額の支給を停止する。ただし、他の規定又は他の法令の規定によりその額の一部につき支給を停止されているときは、停止されていない部分の額の支給を停止する。

4 上記3の申出は、いつでも、将来に向かって撤回することができる。

第1章 国民年金法

問題54 受給権の保護、公課の禁止その他　難易度 B

Check欄　A□□□　B□□□　C□□□　D□□□　E□□□

1　給付を受ける権利は、譲り渡し、担保に供し、又は差し押えることができない。ただし、　A　を受ける権利を国税滞納処分（その例による処分を含む。）により差し押える場合は、この限りでない。

2　租税その他の公課は、給付として支給を受けた　B　として、課することができない。ただし、老齢基礎年金及び付加年金については、この限りでない。

3　政府は、国民年金事業の円滑な実施を図るため、国民年金に関し、次に掲げる事業を行うことができる。

ア　　C　を行うこと。

イ　被保険者、受給権者その他の関係者（被保険者等）に対し、　D　を行うこと。

ウ　被保険者等に対し、被保険者等が行う手続に関する情報その他の被保険者等の　E　の向上に資する情報を提供すること。

選択肢
① 遺族基礎年金　　　　　② 寡婦年金
③ 教育及び広報　　　　　④ 金銭を基準
⑤ 金銭を標準　　　　　　⑥ 金品を基準
⑦ 金品を標準　　　　　　⑧ 障害基礎年金
⑨ 生活水準　　　　　　　⑩ 相談その他の援助
⑪ 代行サービス　　　　　⑫ 滞納処分等の実施
⑬ 年金記録の整備　　　　⑭ 年金財政の開示
⑮ 年金制度に対する信頼　⑯ ねんきん定期便の送付
⑰ 福祉　　　　　　　　　⑱ 保険料納付の通知
⑲ 利便　　　　　　　　　⑳ 老齢基礎年金又は付加年金

解 答

A ⑳ 老齢基礎年金又は付加年金　　（法24条）
B ⑤ 金銭を標準　　（法25条）
C ③ 教育及び広報　　（法74条）
D ⑩ 相談その他の援助　　（法74条）
E ⑲ 利便　　（法74条）

完成文

1 　給付を受ける権利は、**譲り渡し**、**担保**に供し、又は**差し押える**ことができない。ただし、老齢基礎年金又は付加年金を受ける権利を国税滞納処分（その例による処分を含む。）により**差し押える**場合は、この限りでない。

2 　租税その他の**公課**は、給付として支給を受けた金銭を標準として、課することができない。ただし、老齢基礎年金及び付加年金については、この限りでない。

3 　政府は、国民年金事業の円滑な実施を図るため、国民年金に関し、次に掲げる事業を行うことができる。

ア　教育及び広報を行うこと。

イ　被保険者、受給権者その他の関係者（被保険者等）に対し、相談その他の援助を行うこと。

ウ　被保険者等に対し、被保険者等が行う**手続**に関する**情報**その他の被保険者等の利便の向上に資する**情報**を提供すること。

第1章 国民年金法

問題55　国民年金基金の組織と設立　難易度 B

Check欄　A □□□　B □□□　C □□□　D □□□　E □□□

1　地域型国民年金基金を設立するには、加入員たる資格を有する者及び年金に関する学識経験を有する者のうちから厚生労働大臣が任命した者が　A　とならなければならない。なお、地域型国民年金基金は、　B　以上の加入員がなければ設立することができない。

2　職能型国民年金基金を設立するには、その加入員となろうとする　C　以上の者が　D　とならなければならない。なお、職能型国民年金基金は、　E　以上の加入員がなければ設立することができない。

3　　A　又は　D　（以下「　A　等」という。）は、規約を作成し、創立総会の日時及び場所とともに公告して、創立総会を開かなければならない。この公告は、会日の２週間前までにしなければならない。

4　創立総会の議事は、加入員たる資格を有する者であってその会日までに　A　等に対し設立の同意を申し出たものの半数以上が出席して、その出席者の３分の２以上で決する。

選択肢

① 7人　② 10人　③ 11人　④ 15人
⑤ 50人　⑥ 100人　⑦ 500人　⑧ 700人
⑨ 1,000人　⑩ 2,000人　⑪ 3,000人　⑫ 5,000人
⑬ 運営委員　⑭ 監事　⑮ 設立委員　⑯ 代議員
⑰ 評議委員　⑱ 発起人　⑲ 理事　⑳ 理事長

第1章　国民年金法

解答

- A ⑮　設立委員　（法119条、119条の2）
- B ⑨　1,000人　（法119条）
- C ④　15人　（法119条）
- D ⑱　発起人　（法119条、119条の2）
- E ⑪　3,000人　（法119条）

完成文

1 <u>地域</u>型国民年金基金を設立するには、加入員たる資格を有する者及び年金に関する学識経験を有する者のうちから厚生労働大臣が任命した者が設立委員とならなければならない。なお、<u>地域</u>型国民年金基金は、1,000人以上の加入員がなければ設立することができない。

2 <u>職能</u>型国民年金基金を設立するには、その加入員となろうとする15人以上の者が発起人とならなければならない。なお、<u>職能</u>型国民年金基金は、3,000人以上の加入員がなければ設立することができない。

3 設立委員又は発起人（以下「設立委員等」という。）は、<u>規約</u>を作成し、<u>創立総会</u>の日時及び場所とともに公告して、<u>創立総会</u>を開かなければならない。この公告は、会日の<u>2</u>週間前までにしなければならない。

4 <u>創立総会</u>の議事は、加入員たる資格を有する者であってその会日までに設立委員等に対し<u>設立の同意</u>を申し出たものの<u>半数</u>以上が出席して、その出席者の<u>3分の2</u>以上で決する。

問題56 国民年金基金の掛金　難易度 B

Check欄 A□□□　B□□□　C□□□　D□□□　E□□□

1　国民年金基金(以下「基金」という。)は、基金が支給する年金及び一時金に関する事業に要する費用に充てるため、掛金を徴収する。掛金は、年金の額の計算の基礎となる各月につき、徴収するものとする。

2　基金が支給する年金及び一時金の額は、加入員期間(国民年金の保険料に係る保険料納付済期間である期間に限る。)の各月の掛金及びその運用収入の額の総額に照らし、厚生労働省令の定めるところにより、将来にわたって、　A　を保つことができるように計算されるものでなければならない。

3　掛金の額は、1か月につき　B　円を超えてはならない。

4　加入員が免除された保険料の　C　につき追納を行った場合又は当該保険料の　C　につき当該追納を行った国民年金の被保険者が加入員となった場合における当該加入員の掛金の額は、当該保険料の　C　につき当該追納が行われた日(その日後加入員となった者にあっては、その日後初めて加入員の資格を取得した日)の属する月以後一定の期間(当該期間が　D　か月を超えるときは、　D　か月)に限り、上記3の規定にかかわらず、1か月につき　E　円以下とすることができる。

第1章 国民年金法

選択肢

① 60
② 120
③ 240
④ 300
⑤ 48,000
⑥ 56,000
⑦ 68,000
⑧ 72,000
⑨ 85,000
⑩ 96,000
⑪ 102,000
⑫ 111,000
⑬ 一部
⑭ 加入員の利益
⑮ 国民年金の給付との均衡
⑯ 国民の最低限度の生活
⑰ 財政の均衡
⑱ 全部
⑲ 全部又は一部
⑳ 半額

第1章 国民年金法

解 答

A	⑰	財政の均衡	（基金令22条）
B	⑦	68,000	（基金令34条）
C	⑱	全部	（基金令35条）
D	①	60	（基金令35条）
E	⑪	102,000	（基金令35条）

完成文

1 　国民年金基金(以下「基金」という。)は、基金が支給する**年金**及び**一時金**に関する事業に要する費用に充てるため、掛金を徴収する。掛金は、年金の額の計算の基礎となる各月につき、徴収するものとする。

2 　基金が支給する年金及び一時金の額は、加入員期間(国民年金の保険料に係る**保険料納付済期間**である期間に限る。)の各月の掛金及びその運用収入の額の総額に照らし、厚生労働省令の定めるところにより、将来にわたって、財政の均衡を保つことができるように計算されるものでなければならない。

3 　掛金の額は、1か月につき68,000円を超えてはならない。

4 　加入員が免除された保険料の全部につき**追納**を行った場合又は当該保険料の全部につき当該**追納**を行った国民年金の被保険者が加入員となった場合における当該加入員の掛金の額は、当該保険料の全部につき当該**追納**が行われた日(その日後加入員となった者にあっては、その日後初めて加入員の資格を取得した日)の属する月以後一定の期間(当該期間が60か月を超えるときは、60か月)に限り、上記3の規定にかかわらず、1か月につき102,000円以下とすることができる。

第1章 国民年金法

問題57　国民年金基金の業務　難易度 B

Check欄 A□□□　B□□□　C□□□　D□□□　E□□□

1　国民年金基金(以下「基金」という。)は、加入員又は加入員であった者に対し、年金の支給を行い、あわせて加入員又は加入員であった者の　A　に関し、一時金の支給を行うものとする。

2　基金は、加入員及び加入員であった者の　B　を増進するため、必要な　C　をすることができる。

3　基金が支給する年金は、少なくとも、当該基金の加入員であった者が　D　の受給権を取得したときには、その者に支給されるものでなければならない。この年金の額は、200円に納付された掛金に係る当該基金の加入員であった期間の月数を乗じて得た額を超えるものでなければならない。

4　基金が支給する一時金は、少なくとも、当該基金の加入員又は加入員であった者が　A　した場合において、その遺族が　E　を受けたときには、その遺族に支給されるものでなければならない。この一時金の額は、8,500円を超えるものでなければならない。

選択肢

① 遺族基礎年金　② 寡婦年金　③ 給付
④ 事業　⑤ 資金の貸付　⑥ 施設
⑦ 死亡　⑧ 死亡一時金　⑨ 障害
⑩ 障害一時金　⑪ 障害基礎年金　⑫ 生活水準
⑬ 脱退　⑭ 脱退一時金　⑮ 年金給付
⑯ 福祉　⑰ 利益　⑱ 利便
⑲ 老齢　⑳ 老齢基礎年金

解答

A ⑦ 死亡 （法128条、129条）
B ⑯ 福祉 （法128条）
C ⑥ 施設 （法128条）
D ⑳ 老齢基礎年金 （法129条）
E ⑧ 死亡一時金 （法129条）

完成文

1 　国民年金基金（以下「基金」という。）は、加入員又は加入員であった者に対し、年金の支給を行い、あわせて加入員又は加入員であった者の死亡に関し、一時金の支給を行うものとする。

2 　基金は、加入員及び加入員であった者の福祉を増進するため、必要な施設をすることができる。

3 　基金が支給する年金は、少なくとも、当該基金の加入員であった者が老齢基礎年金の受給権を取得したときには、その者に支給されるものでなければならない。この年金の額は、<u>200</u>円に納付された掛金に係る当該基金の加入員であった期間の月数を乗じて得た額を超えるものでなければならない。

4 　基金が支給する一時金は、少なくとも、当該基金の加入員又は加入員であった者が死亡した場合において、その遺族が死亡一時金を受けたときには、その遺族に支給されるものでなければならない。この一時金の額は、<u>8,500</u>円を超えるものでなければならない。

問題58 国民年金基金の業務の委託　難易度 B

Check欄 A□□□　B□□□　C□□□　D□□□　E□□□

1　国民年金基金は、政令で定めるところにより、　A　、その業務（加入員又は加入員であった者に年金又は一時金の支給を行うために必要となるその者に関する　B　、整理又は分析を含む。）の一部を信託会社、信託業務を営む金融機関、生命保険会社、農業協同組合連合会、共済水産業協同組合連合会、　C　その他の法人に委託することができる。

2　銀行その他の金融機関は、上記1の業務（　D　に関する業務に限る。）を受託することができる。

3　　C　は、その会員である国民年金基金が解散したときは、当該国民年金基金の解散基金加入員に係る　E　に相当する額を当該解散した国民年金基金から徴収する。

選択肢

① 掛金の徴収　　　　　　　② 企業年金連合会
③ 給付の支払　　　　　　　④ 拠出金
⑤ 記録の解析　　　　　　　⑥ 銀行
⑦ 厚生労働大臣に届け出て　⑧ 厚生労働大臣の認可を受けて
⑨ 国民年金基金の加入員となるための申出の受理
⑩ 国民年金基金連合会　　　⑪ 最低積立基準額
⑫ 財務大臣に届け出て　　　⑬ 財務大臣の認可を受けて
⑭ 支給額の通知　　　　　　⑮ 情報の収集
⑯ 責任準備金　　　　　　　⑰ 積立金
⑱ 日本銀行　　　　　　　　⑲ 年金数理
⑳ 履歴の確認

解答

A ⑧ 厚生労働大臣の認可を受けて　　（法128条）
B ⑮ 情報の収集　　　　　　　　　　（法128条）
C ⑩ 国民年金基金連合会　　　　　　（法128条、137条の19）
D ⑨ 国民年金基金の加入員となるための申出の受理
　　　　　　　　　　　　　　　　　（法128条）
E ⑯ 責任準備金　　　　　　　　　　（法137条の19）

完成文

1　国民年金基金は、政令で定めるところにより、厚生労働大臣の認可を受けて、その業務（加入員又は加入員であった者に年金又は一時金の支給を行うために必要となるその者に関する情報の収集、整理又は分析を含む。）の一部を信託会社、信託業務を営む金融機関、生命保険会社、農業協同組合連合会、共済水産業協同組合連合会、国民年金基金連合会その他の法人に委託することができる。

2　銀行その他の金融機関は、上記1の業務（国民年金基金の加入員となるための申出の受理に関する業務に限る。）を受託することができる。

3　国民年金基金連合会は、その会員である国民年金基金が解散したときは、当該国民年金基金の解散基金加入員に係る責任準備金に相当する額を当該解散した国民年金基金から徴収する。

問題59 国民年金基金の合併及び分割　難易度 B

Check欄　A□□□　B□□□　C□□□　D□□□　E□□□

1　基金は、厚生労働大臣の認可を受けて、他の基金と吸収合併（基金が他の基金とする合併であって、合併により消滅する基金の権利義務の全部を合併後存続する基金に承継させるものをいう。以下同じ。）をすることができる。ただし、　A　と　B　との吸収合併については、その地区が　C　である　A　が　D　となる場合を除き、これをすることができない。

2　基金は、吸収合併契約について代議員会において代議員の定数の　E　以上の多数により議決しなければならない。

3　基金は、　B　が、その事業に関して有する権利義務であって吸収分割承継基金となる　A　の地区に係るものを当該　A　に承継させる場合に限り、厚生労働大臣の認可を受けて、吸収分割（基金がその事業に関して有する権利義務の全部又は一部を分割後他の基金に承継させることをいう。以下同じ。）をすることができる。

4　基金は、吸収分割契約について代議員会において代議員の定数の　E　以上の多数により議決しなければならない。

選択肢

① 2分の1　　　　　② 3分の1　　　　　③ 3分の2
④ 4分の3　　　　　⑤ 企業型基金　　　　⑥ 規約型基金
⑦ 吸収合併消滅基金　⑧ 吸収合併存続基金
⑨ 吸収分割基金　　　⑩ 吸収分割承継基金
⑪ 拠出型基金　　　　⑫ 個人型基金　　　　⑬ 財政型基金
⑭ 職能型基金　　　　⑮ 全国　　　　　　　⑯ 地域型基金
⑰ 積立型基金　　　　⑱ 都道府県ごと　　　⑲ 一つ
⑳ 複数

解答

- A ⑯ 地域型基金　　　　（法137条の3、137条の3の7）
- B ⑭ 職能型基金　　　　（法137条の3、137条の3の7）
- C ⑮ 全国　　　　　　　（法137条の3）
- D ⑧ 吸収合併存続基金　（法137条の3）
- E ③ 3分の2　　　　　（法137条の3の3、137条の3の9）

完成文

1　基金は、**厚生労働大臣の認可**を受けて、他の基金と吸収合併（基金が他の基金とする合併であって、合併により消滅する基金の権利義務の全部を合併後存続する基金に承継させるものをいう。以下同じ。）をすることができる。ただし、地域型基金と職能型基金との**吸収合併**については、その地区が全国である地域型基金が吸収合併存続基金となる場合を除き、これをすることができない。

2　基金は、吸収合併契約について代議員会において代議員の定数の3分の2以上の多数により議決しなければならない。

3　基金は、職能型基金が、その事業に関して有する権利義務であって**吸収分割承継基金**となる地域型基金の地区に係るものを当該地域型基金に承継させる場合に限り、**厚生労働大臣の認可**を受けて、**吸収分割**（基金がその事業に関して有する権利義務の全部又は一部を分割後他の基金に承継させることをいう。以下同じ。）をすることができる。

4　基金は、吸収分割契約について代議員会において代議員の定数の3分の2以上の多数により議決しなければならない。

第1章 国民年金法

問題60 被保険者の資格に関する届出　難易度 C

Check欄 A□□□ B□□□ C□□□ D□□□ E□□□

　　A　　の資格の取得の届出は、当該事実があった日から　　B　　以内に、一定の事項を記載した届書を　　C　　に提出することによって行わなければならない。ただし、　　D　　に達したことにより　　A　　の資格を取得する場合であって、厚生労働大臣が住民基本台帳法の規定により当該　　A　　に係る　　E　　の提供を受けることにより　　D　　に達した事実を確認できるときは、この限りでない。

選択肢

① 5日　　　　　　　② 10日　　　　　　③ 14日　　　　　　④ 18歳
⑤ 20歳　　　　　　⑥ 23歳　　　　　　⑦ 30歳　　　　　　⑧ 30日
⑨ 機構保存本人確認情報　　　　　　　⑩ 基礎年金番号
⑪ 個人情報　　　　　　　　　　　　　⑫ 個人番号
⑬ 事業主　　　　　　　　　　　　　　⑭ 市町村長
⑮ 社会保険審査官　　　　　　　　　　⑯ 第1号被保険者
⑰ 第2号被保険者　　　　　　　　　　⑱ 第3号被保険者
⑲ 都道府県知事　　　　　　　　　　　⑳ 任意加入被保険者

第1章 国民年金法

解答

A	⑯	第1号被保険者	（則1条の4）
B	③	14日	（則1条の4）
C	⑭	市町村長	（則1条の4）
D	⑤	20歳	（則1条の4）
E	⑨	機構保存本人確認情報	（則1条の4）

完成文

　第1号被保険者の資格の取得の届出は、当該事実があった日から14日以内に、一定の事項を記載した届書を市町村長に提出することによって行わなければならない。ただし、20歳に達したことにより第1号被保険者の資格を取得する場合であって、厚生労働大臣が住民基本台帳法の規定により当該第1号被保険者に係る機構保存本人確認情報の提供を受けることにより20歳に達した事実を確認できるときは、この限りでない。

問題61 第3号被保険者に係る届出等、国民年金原簿　難易度 B

Check欄 A □□□　B □□□　C □□□　D □□□　E □□□

1　第3号被保険者の資格取得、種別変更の届出等が行われた日の属する月前の当該届出に係る第3号被保険者としての被保険者期間（当該届出が行われた日の属する　A　までの　B　のうちにあるものを除く。）は、　C　に算入されない。

2　第3号被保険者又は第3号被保険者であった者は、その者の第3号被保険者としての被保険者期間のうち、上記1により　C　に算入されない期間であって、平成17年4月1日以後の期間に係るものについて、届出を遅滞したことについてやむを得ない事由があると認められるときは、厚生労働大臣にその旨の届出をすることができ、当該届出が行われたときは、当該届出が行われた日以後、当該届出に係る期間は、　C　に算入される。

3　厚生労働大臣は、　D　を備え、これに被保険者の氏名、資格の取得及び喪失、種別の変更、保険料の納付状況、　E　（政府管掌年金事業の運営に関する事務その他当該事業に関連する事務であって厚生労働省令で定めるものを遂行するために用いる記号及び番号であって厚生労働省令で定めるものをいう。）その他一定の事項を記録するものとする。

4　被保険者又は被保険者であった者は、　D　に記録された自己に係る特定　D　記録（被保険者の資格の取得及び喪失、種別の変更、保険料の納付状況その他厚生労働省令で定める事項の内容をいう。以下同じ。）が事実でない、又は　D　に自己に係る特定　D　記録が記録されていないと思料するときは、厚生労働省令で定めるところにより、厚生労働大臣に対し、　D　の訂正の請求をすることができる。

― 第1章 国民年金法

選択肢
① 1年間　　　　　　　② 2年間
③ 5年間　　　　　　　④ 6か月間
⑤ 基礎年金番号　　　　⑥ 基礎年金番号通知書
⑦ 国民年金原簿　　　　⑧ 国民年金証書
⑨ 国民年金帳簿　　　　⑩ 国民年金手帳
⑪ 国民年金被保険者手帳　⑫ 国民年金名簿
⑬ 月　　　　　　　　　⑭ 月の前月
⑮ 月の前々月　　　　　⑯ 月の翌月
⑰ 保険料全額免除期間　⑱ 保険料納付済期間
⑲ 保険料半額免除期間　⑳ 保険料免除期間

第1章 国民年金法

解答

A ⑮ 月の前々月　　　　　（法附則7条の3）
B ② 2年間　　　　　　　（法附則7条の3）
C ⑱ 保険料納付済期間　　（法附則7条の3）
D ⑦ 国民年金原簿　　　　（法14条、14条の2）
E ⑤ 基礎年金番号　　　　（法14条）

完成文

1　第3号被保険者の資格取得、種別変更の届出等が行われた日の属する月前の当該届出に係る第3号被保険者としての被保険者期間(当該届出が行われた日の属する月の前々月までの2年間のうちにあるものを除く。)は、保険料納付済期間に算入されない。

2　第3号被保険者又は第3号被保険者であった者は、その者の第3号被保険者としての被保険者期間のうち、上記1により保険料納付済期間に算入されない期間であって、平成17年4月1日以後の期間に係るものについて、届出を遅滞したことについてやむを得ない事由があると認められるときは、厚生労働大臣にその旨の届出をすることができ、当該届出が行われたときは、当該届出が行われた日以後、当該届出に係る期間は、保険料納付済期間に算入される。

3　厚生労働大臣は、国民年金原簿を備え、これに被保険者の氏名、資格の取得及び喪失、種別の変更、保険料の納付状況、基礎年金番号(政府管掌年金事業の運営に関する事務その他当該事業に関連する事務であって厚生労働省令で定めるものを遂行するために用いる記号及び番号であって厚生労働省令で定めるものをいう。)その他一定の事項を記録するものとする。

4　被保険者又は被保険者であった者は、国民年金原簿に記録された自己に係る特定国民年金原簿記録(被保険者の資格の取得及び喪失、種別の変更、保険料の納付状況その他厚生労働省令で定める事項の内容をいう。以下同じ。)が事実でない、又は国民年金原簿に自己に係る特定国民年金原簿記録が記録されていないと思料するときは、厚生労働省令で定めるところにより、厚生労働大臣に対し、国民年金原簿の訂正の請求をすることができる。

問題62　被保険者に対する情報提供　難易度 A

Check欄　A☐☐☐　B☐☐☐　C☐☐☐　D☐☐☐　E☐☐☐

1　厚生労働大臣は、国民年金制度に対する国民の　A　を増進させ、及びその信頼を向上させるため、厚生労働省令で定めるところにより、被保険者に対し、当該被保険者の保険料納付の実績及び　B　に関する必要な情報を分かりやすい形で通知するものとする。

2　被保険者が35歳、45歳及び　C　歳に達する日の属する年度における上記1の通知は、すべての被保険者に通知される事項に加え、以下に掲げる事項を通知する。

ア　被保険者の資格の取得及び喪失並びに　D　の変更の履歴

イ　　E　の第1号被保険者としての被保険者期間における保険料の納付状況並びに第2号被保険者としての被保険者期間における標準報酬月額及び標準賞与額

選択肢
① 55　② 58　③ 59　④ 60
⑤ 関心　⑥ 給付　⑦ 現在の給付
⑧ 最近10年間　⑨ 最近1年間　⑩ 最近3年間
⑪ 氏名　⑫ 氏名又は住所　⑬ 住所　⑭ 種別
⑮ 遵法意識　⑯ 将来の給付　⑰ 全て　⑱ 知見
⑲ 未払の給付　⑳ 理解

解答

A	⑳	理解	（法14条の5）
B	⑯	将来の給付	（法14条の5）
C	③	59	（則15条の4）
D	⑭	種別	（則15条の4）
E	⑰	全て	（則15条の4）

完成文

1　厚生労働大臣は、国民年金制度に対する国民の理解を増進させ、及びその信頼を向上させるため、厚生労働省令で定めるところにより、被保険者に対し、当該被保険者の保険料納付の実績及び将来の給付に関する必要な情報を分かりやすい形で通知するものとする。

2　被保険者が35歳、45歳及び59歳に達する日の属する年度における上記1の通知は、すべての被保険者に通知される事項に加え、以下に掲げる事項を通知する。

　ア　被保険者の資格の取得及び喪失並びに種別の変更の履歴

　イ　全ての第1号被保険者としての被保険者期間における保険料の納付状況並びに第2号被保険者としての被保険者期間における標準報酬月額及び標準賞与額

問題63 年金受給権者の確認等　難易度 B

Check欄 A□□□ B□□□ C□□□ D□□□ E□□□

1　厚生労働大臣は、 A 、 B の規定による年金の受給権者に係る機構保存本人確認情報の提供を受け、必要な事項について確認を行うものとする。

2　厚生労働大臣は、上記1の規定により機構保存本人確認情報の提供を受けるために必要と認める場合は、年金の受給権者に対し、当該受給権者に係る C の報告を求めることができる。

3　厚生労働大臣は、上記1の規定により必要な事項について確認を行った場合において、年金の受給権者の D の事実が確認されなかったとき（一定の場合を除く。）又は必要と認めるときには、当該受給権者に対し、当該受給権者の生存の事実について確認できる書類の提出を求めることができる。

4　上記3の規定により書類の提出を求められた受給権者は、指定期限までに、当該書類を E に提出しなければならない。

選択肢

① 2月、4月、6月、8月、10月及び12月に
② 基礎年金番号　③ 現況届　④ 厚生年金保険法
⑤ 国内在住　⑥ 個人番号　⑦ 戸籍謄本
⑧ 戸籍法　⑨ 市町村長　⑩ 四半期ごとに
⑪ 社会保険審査官　⑫ 住民基本台帳法
⑬ 受給権者の誕生日の属する月の末日に　⑭ 所得状況
⑮ 生計維持　⑯ 生存若しくは死亡
⑰ 地方自治法　⑱ 都道府県知事
⑲ 日本年金機構　⑳ 毎月

第1章　国民年金法

解　答

A	⑳	毎月	（則18条、36条、51条、60条の6）
B	⑫	住民基本台帳法	（則18条、36条、51条、60条の6）
C	⑥	個人番号	（則18条、36条、51条、60条の6）
D	⑯	生存若しくは死亡	（則18条、36条、51条、60条の6）
E	⑲	日本年金機構	（則18条、36条、51条、60条の6）

完成文

1　厚生労働大臣は、毎月、住民基本台帳法の規定による年金の受給権者に係る機構保存本人確認情報の提供を受け、必要な事項について確認を行うものとする。

2　厚生労働大臣は、上記1の規定により機構保存本人確認情報の提供を受けるために必要と認める場合は、年金の受給権者に対し、当該受給権者に係る個人番号の報告を求めることができる。

3　厚生労働大臣は、上記1の規定により必要な事項について確認を行った場合において、年金の受給権者の生存若しくは死亡の事実が確認されなかったとき（一定の場合を除く。）又は必要と認めるときには、当該受給権者に対し、当該受給権者の生存の事実について確認できる書類の提出を求めることができる。

4　上記3の規定により書類の提出を求められた受給権者は、指定期限までに、当該書類を日本年金機構に提出しなければならない。

問題64 不服申立て　難易度 B

Check欄 A☐☐☐　B☐☐☐　C☐☐☐　D☐☐☐　E☐☐☐

1　被保険者の資格に関する処分、給付に関する処分又は保険料その他この法律の規定による徴収金に関する処分に不服がある者は、　A　　に対して　B　　をし、その決定に不服がある者は、　C　　に対して再審査請求をすることができる。ただし、第14条の4第1項又は第2項の規定による決定(国民年金原簿の訂正請求に対する措置の規定による決定)については、この限りでない。

2　　B　　をした日から　D　　以内に決定がないときは、　B　　人は、　A　　が　B　　を棄却したものとみなすことができる。

3　上記1の　B　　及び再審査請求は、時効の完成猶予及び更新に関しては、裁判上の請求とみなす。

4　　E　　に関する処分に不服がある者は、　C　　に対して　B　　をすることができる。

5　上記1に規定する処分(被保険者の資格に関する処分又は給付に関する処分(共済組合等が行った障害基礎年金に係る障害の程度の診査に関する処分を除く。)に限る。)の取消しの訴えは、当該処分についての　B　　に対する　A　　の決定を経た後でなければ、提起することができない。

第1章　国民年金法

選択肢
- ①　1年
- ②　2か月
- ③　3か月
- ④　30日
- ⑤　異議申立て
- ⑥　延滞金
- ⑦　裁判所
- ⑧　死亡一時金
- ⑨　社会保険審査会
- ⑩　社会保険審査官
- ⑪　社会保障審議会
- ⑫　社会保障審査会
- ⑬　社会保障審査官
- ⑭　審査請求
- ⑮　脱退一時金
- ⑯　都道府県知事
- ⑰　取消訴訟の提起
- ⑱　付加年金
- ⑲　不服申立て
- ⑳　労働保険審査会

解 答

- A ⑩ 社会保険審査官　　（法101条）
- B ⑭ 審査請求　　　　　（法101条、附則9条の3の2）
- C ⑨ 社会保険審査会　　（法101条、附則9条の3の2）
- D ② 2か月　　　　　　（法101条）
- E ⑮ 脱退一時金　　　　（法附則9条の3の2）

完成文

1 <u>被保険者の資格</u>に関する処分、<u>給付</u>に関する処分又は<u>保険料</u>その他この法律の規定による徴収金に関する処分に不服がある者は、社会保険審査官に対して審査請求をし、その決定に不服がある者は、社会保険審査会に対して<u>再審査請求</u>をすることができる。ただし、第14条の4第1項又は第2項の規定による決定（<u>国民年金原簿の訂正請求</u>に対する措置の規定による決定）については、この限りでない。

2 審査請求をした日から2か月以内に決定がないときは、審査請求人は、社会保険審査官が審査請求を<u>棄却</u>したものとみなすことができる。

3 上記1の審査請求及び<u>再審査請求</u>は、<u>時効の完成猶予及び更新</u>に関しては、<u>裁判上の請求</u>とみなす。

4 脱退一時金に関する処分に不服がある者は、社会保険審査会に対して審査請求をすることができる。

5 上記1に規定する処分（<u>被保険者の資格</u>に関する処分又は<u>給付</u>に関する処分（<u>共済組合等</u>が行った<u>障害基礎年金に係る障害の程度の診査</u>に関する処分を除く。）に限る。）の取消しの訴えは、当該処分についての審査請求に対する社会保険審査官の決定を経た後でなければ、提起することができない。

問題65 時効　難易度 C

Check欄 A □□□　B □□□　C □□□　D □□□　E □□□

1　　A　　を受ける権利は、その支給すべき事由が生じた日から　B　　を経過したとき、当該権利に基づき支払期月ごとに支払うものとされる　A　　の支給を受ける権利は、当該日の属する月の翌月以後に到来する当該　A　　の支給に係る支払期月の翌月の初日から　B　　を経過したときは、時効によって、消滅する。

2　上記1の時効は、当該　A　　がその　C　　につき支給を停止されている間は、進行しない。

3　上記1に規定する　A　　を受ける権利又は当該権利に基づき支払期月ごとに支払うものとされる　A　　の支給を受ける権利については、会計法の規定を適用しない。

4　保険料その他国民年金法の規定による徴収金を徴収し、又はその還付を受ける権利及び　D　　を受ける権利は、これらを行使することができる時から　E　　を経過したときは、時効によって消滅する。

5　保険料その他国民年金法の規定による徴収金についての督促は、時効の更新の効力を有する。

選択肢

① 1年　② 2年　③ 3年　④ 4年
⑤ 5年　⑥ 8年　⑦ 10年　⑧ 25年
⑨ 一部の額　⑩ 寡婦年金及び死亡一時金　⑪ 給付
⑫ 給付及び未払の給付　⑬ 死亡一時金
⑭ 全額　⑮ 全部又は一部　⑯ 年金給付
⑰ 半額以上　⑱ 付加年金及び死亡一時金
⑲ 保険給付　⑳ 未払の給付

解答

A ⑯ 年金給付 （法102条）
B ⑤ 5年 （法102条）
C ⑭ 全額 （法102条）
D ⑬ 死亡一時金 （法102条）
E ② 2年 （法102条）

完成文

1 年金給付を受ける権利は、その支給すべき事由が生じた日から5年を経過したとき、当該権利に基づき支払期月ごとに支払うものとされる年金給付の支給を受ける権利は、当該日の属する月の翌月以後に到来する当該年金給付の支給に係る支払期月の翌月の初日から5年を経過したときは、時効によって、消滅する。

2 上記1の時効は、当該年金給付がその全額につき支給を停止されている間は、進行しない。

3 上記1に規定する年金給付を受ける権利又は当該権利に基づき支払期月ごとに支払うものとされる年金給付の支給を受ける権利については、会計法の規定を適用しない。

4 保険料その他国民年金法の規定による徴収金を徴収し、又はその還付を受ける権利及び死亡一時金を受ける権利は、これらを行使することができる時から2年を経過したときは、時効によって消滅する。

5 保険料その他国民年金法の規定による徴収金についての督促は、時効の更新の効力を有する。

問題66 時効の特例

Check欄 A□□□ B□□□ C□□□ D□□□ E□□□

　厚生労働大臣は、厚生年金保険の保険給付及び国民年金の給付に係る時効の特例等に関する法律の施行日（平成19年7月6日）において国民年金法による給付（これに相当する給付を含む。）を受ける権利を有する者又は施行日前において当該権利を有していた者（　A　の支給を請求する権利を有する者を含む。）について、　B　に記録した事項の　C　がなされた上で当該給付を受ける権利に係る　D　（　D　の　C　を含む。以下同じ。）が行われた場合においては、その　D　による当該記録した事項の　C　に係る給付を受ける権利に基づき支払期月ごとに又は一時金として支払うものとされる給付の支給を受ける権利について当該　D　の日までに　E　が完成した場合においても、当該権利に基づく給付を支払うものとする。

選択肢
① 一時金　　　　② 改訂　　　　③ 救済
④ 決定　　　　　⑤ 国民年金原簿　⑥ 国民年金台帳
⑦ 国民年金手帳　⑧ 裁定
⑨ 住民基本台帳ネットワーク　　　⑩ 取得時効
⑪ 消滅時効　　　⑫ 除斥期間　　　⑬ 請求期間
⑭ 是正　　　　　⑮ 脱退一時金　　⑯ 訂正
⑰ 認定　　　　　⑱ 変更　　　　　⑲ 未支給の一時金
⑳ 未支給の年金

第1章 国民年金法

解答

A ⑳ 未支給の年金 （年金時効特例法2条）
B ⑤ 国民年金原簿 （年金時効特例法2条）
C ⑯ 訂正 （年金時効特例法2条）
D ⑧ 裁定 （年金時効特例法2条）
E ⑪ 消滅時効 （年金時効特例法2条）

完成文

厚生労働大臣は、厚生年金保険の保険給付及び国民年金の給付に係る時効の特例等に関する法律の施行日（平成19年7月6日）において国民年金法による給付（これに相当する給付を含む。）を受ける権利を有する者又は施行日前において当該権利を有していた者（未支給の年金の支給を請求する権利を有する者を含む。）について、国民年金原簿に記録した事項の訂正がなされた上で当該給付を受ける権利に係る裁定（裁定の訂正を含む。以下同じ。）が行われた場合においては、その裁定による当該記録した事項の訂正に係る給付を受ける権利に基づき支払期月ごとに又は一時金として支払うものとされる給付の支給を受ける権利について当該裁定の日までに消滅時効が完成した場合においても、当該権利に基づく給付を支払うものとする。

問題67　給付遅延特別加算金の支給　　難易度 A

Check欄　A☐☐☐　B☐☐☐　C☐☐☐　D☐☐☐　E☐☐☐

厚生労働大臣は、国民年金法による給付を受ける権利を有する者又は当該権利を有していた者（　A　の支給を請求する権利を有する者を含む。）について、国民年金原簿の規定により記録した事項の　B　がなされた上で施行日以後に当該給付を受ける権利に係る　C　が行われた場合においては、その　C　による当該記録した事項の　B　に係る給付を受ける権利に基づき支払うものとされる給付（時効特例法の規定により支払うものとされる給付又はこれに相当する給付として政令で定めるものに限る。以下同じ。）の　D　を基礎として、当該給付を受ける権利を取得した日に当該　B　がなされた後の国民年金原簿の規定により記録した事項に従った　C　が行われたならば支払われることとされた日から当該給付を支払うこととする日までの間の　E　を勘案して政令で定めるところにより算定した額（「給付遅延特別加算金」という。）を、当該給付を支払うこととされる者に対し支給する。

選択肢

① 一時金　　　　② 一部　　　　　　③ 改訂
④ 期間の長さ　　⑤ 決定　　　　　　⑥ 裁定
⑦ 修正　　　　　⑧ 承認　　　　　　⑨ 全額
⑩ 全部又は一部　⑪ 脱退一時金　　　⑫ 賃金水準の動向
⑬ 訂正　　　　　⑭ 認定　　　　　　⑮ 半額
⑯ 物価の状況　　⑰ 平均余命の変動　⑱ 変更
⑲ 未支給の給付　⑳ 未支給の年金

解答

- A ⑳ **未支給の年金** （遅延加算金法3条）
- B ⑬ **訂正** （遅延加算金法3条）
- C ⑥ **裁定** （遅延加算金法3条）
- D ⑨ **全額** （遅延加算金法3条）
- E ⑯ **物価の状況** （遅延加算金法3条）

完成文

厚生労働大臣は、国民年金法による給付を受ける権利を有する者又は当該権利を有していた者(未支給の年金の支給を請求する権利を有する者を含む。)について、国民年金原簿の規定により記録した事項の訂正がなされた上で施行日以後に当該給付を受ける権利に係る裁定が行われた場合においては、その裁定による当該記録した事項の訂正に係る給付を受ける権利に基づき支払うものとされる給付(時効特例法の規定により支払うものとされる給付又はこれに相当する給付として政令で定めるものに限る。以下同じ。)の全額を基礎として、当該給付を受ける権利を取得した日に当該訂正がなされた後の国民年金原簿の規定により記録した事項に従った裁定が行われたならば支払われることとされた日から当該給付を支払うこととする日までの間の物価の状況を勘案して政令で定めるところにより算定した額(「**給付遅延特別加算金**」という。)を、当該給付を支払うこととされる者に対し支給する。

問題68 第3号被保険者としての被保険者期間の特例等　難易度 A

Check欄 A☐☐☐ B☐☐☐ C☐☐☐ D☐☐☐ E☐☐☐

1　被保険者又は被保険者であった者は、| A |としての被保険者期間（一定の期間内にある保険料納付済期間（政令で定める期間を除く。）に限る。）のうち、第1号被保険者としての被保険者期間として第14条（国民年金原簿）の規定により記録した事項の訂正がなされた期間（| B |）であって、当該訂正がなされたときにおいて保険料を徴収する権利が時効によって消滅しているもの（時効消滅| B |）について、厚生労働大臣に届出をすることができる。

2　上記1の規定により届出が行われたときは、当該届出に係る時効消滅| B |（特定期間）については、この法律その他の政令で定める法令の規定を適用する場合においては、当該届出が行われた日以後、| C |とみなすほか、これらの規定の適用に関し必要な事項は、政令で定める。

3　被保険者又は被保険者であった者は、特定事由により保険料を納付することができなくなったと認められる期間等（対象期間）を有するときは、厚生労働大臣にその旨の申出をすることができる。

4　厚生労働大臣は、上記3の申出に理由があると認めるとき等は、その申出を承認するものとする。

5　上記3の申出をした者は、上記4の規定による承認を受けたときは、当該承認に係る対象期間の各月につき、当該各月の保険料に相当する額の保険料（| D |）を納付することができる。

6　上記5の規定により| D |の納付が行われたときは、上記3の| E |に、納付に係る月の保険料が納付されたものとみなす。

7　老齢基礎年金の受給権者が上記5の規定による| D |の納付を行ったときは、上記3の| E |の属する月の翌月から、年金額を改定する。

194

―― 選択肢 ――
① 合算対象期間　　　　　　② 共済組合の組合員
③ 厚生年金保険の被保険者　④ 修正期間
⑤ 第2号被保険者　　　　　⑥ 第3号被保険者
⑦ 第90条の3第1項(学生納付特例)の規定により納付することを要しないものとされた保険料に係る期間
⑧ 特定保険料　　　　　　　⑨ 特別保険料
⑩ 特例保険料　　　　　　　⑪ 申出のあった日
⑫ 承認保険料　　　　　　　⑬ 申出のあった日の翌日
⑭ 承認のあった日　　　　　⑮ 承認のあった日の翌日
⑯ 不一致期間　　　　　　　⑰ 不均衡期間
⑱ 不整合期間　　　　　　　⑲ 保険料半額免除期間
⑳ 保険料免除期間

第1章　国民年金法

解　答

A	⑥	第3号被保険者	（法附則9条の4の2）
B	⑱	不整合期間	（法附則9条の4の2）
C	⑦	第90条の3第1項（学生納付特例）の規定により納付することを要しないものとされた保険料に係る期間	（法附則9条の4の2）
D	⑩	特例保険料	（法附則9条の4の9）
E	⑪	申出のあった日	（法附則9条の4の9）

> **完成文**

1 <u>被保険者又は被保険者であった者</u>は、第3号被保険者としての被保険者期間(一定の期間内にある保険料納付済期間(政令で定める期間を除く。)に限る。)のうち、<u>第1号被保険者</u>としての被保険者期間として第14条(国民年金原簿)の規定により記録した事項の<u>訂正</u>がなされた期間(不整合期間)であって、当該訂正がなされたときにおいて保険料を徴収する権利が<u>時効によって消滅</u>しているもの(<u>時効消滅</u>不整合期間)について、厚生労働大臣に届出をすることができる。

2 上記1の規定により届出が行われたときは、当該届出に係る<u>時効消滅</u>不整合期間(特定期間)については、この法律その他の政令で定める法令の規定を適用する場合においては、当該届出が行われた日以後、第90条の3第1項(学生納付特例)の規定により納付することを要しないものとされた保険料に係る期間とみなすほか、これらの規定の適用に関し必要な事項は、政令で定める。

3 <u>被保険者又は被保険者であった者</u>は、<u>特定事由</u>により保険料を納付することができなくなったと認められる期間等(対象期間)を有するときは、厚生労働大臣にその旨の申出をすることができる。

4 厚生労働大臣は、上記3の申出に<u>理由がある</u>と認めるとき等は、その申出を承認するものとする。

5 上記3の申出をした者は、上記4の規定による承認を受けたときは、当該承認に係る対象期間の各月につき、当該各月の保険料に相当する額の保険料(特例保険料)を納付することができる。

6 上記5の規定により特例保険料の納付が行われたときは、上記3の申出のあった日に、納付に係る月の保険料が納付されたものとみなす。

7 老齢基礎年金の受給権者が上記5の規定による特例保険料の納付を行ったときは、上記3の申出のあった日の属する月の<u>翌月</u>から、年金額を改定する。

問題69 行政庁の権能その他

難易度 A

Check欄 A□□□ B□□□ C□□□ D□□□ E□□□

1 厚生労働大臣は、被保険者の　A　又は保険料に関し必要があると認めるときは、被保険者若しくは被保険者であった者（被保険者等）の氏名及び住所等につき、官公署等に対し必要な書類の閲覧若しくは資料の提供を求め、又は銀行、信託会社その他の機関若しくは被保険者等の配偶者若しくは世帯主その他の関係人に報告を求めることができる。

2 厚生労働大臣は、被保険者の　A　又は保険料に関し必要があると認めるときは、事業主に対し、その使用する者に対するこの法律の規定の周知その他の必要な協力を求めることができる。

3 　B　被保険者を構成員とする団体その他これに類する団体で政令で定めるものであって、厚生労働大臣がこれらの団体からの申請に基づき、下記4の業務を　C　に行うことができると認められるものとして指定するもの（以下「　D　」という。）は、下記4の業務を行うことができる。

4 　D　は、当該団体の構成員その他これに類する者である被保険者からの委託により、当該被保険者に係る保険料滞納事実の有無について　E　し、その結果を当該被保険者に通知する業務を行うものとする。

選択肢

① 確認　　② 記録　　③ 効果的
④ 資格　　⑤ 資産　　⑥ 就労の実態
⑦ 迅速　　⑧ 調査　　⑨ 適正かつ確実
⑩ 同一の国民年金基金に加入する
⑪ 同一の市町村に住所を有する
⑫ 同種の事業又は業務に従事する
⑬ 年収　　⑭ 能率的　　⑮ 把握
⑯ 保険料納付確認団体　　⑰ 保険料納付記録団体
⑱ 保険料納付調査団体　　⑲ 保険料納付把握団体
⑳ 保険料を滞納したことのある

第1章 国民年金法

解 答

A	④	資格	（法108条）
B	⑫	同種の事業又は業務に従事する	（法109条の3）
C	⑨	適正かつ確実	（法109条の3）
D	⑯	保険料納付確認団体	（法109条の3）
E	①	確認	（法109条の3）

完成文

1　厚生労働大臣は、被保険者の資格又は保険料に関し必要があると認めるときは、被保険者若しくは被保険者であった者（被保険者等）の氏名及び住所等につき、官公署等に対し必要な書類の閲覧若しくは資料の提供を求め、又は銀行、信託会社その他の機関若しくは被保険者等の配偶者若しくは世帯主その他の関係人に報告を求めることができる。

2　厚生労働大臣は、被保険者の資格又は保険料に関し必要があると認めるときは、事業主に対し、その使用する者に対するこの法律の規定の周知その他の必要な協力を求めることができる。

3　同種の事業又は業務に従事する被保険者を構成員とする団体その他これに類する団体で政令で定めるものであって、厚生労働大臣がこれらの団体からの申請に基づき、下記4の業務を適正かつ確実に行うことができると認められるものとして指定するもの（以下「保険料納付確認団体」という。）は、下記4の業務を行うことができる。

4　保険料納付確認団体は、当該団体の構成員その他これに類する者である被保険者からの委託により、当該被保険者に係る保険料滞納事実の有無について確認し、その結果を当該被保険者に通知する業務を行うものとする。

第2章

国民年金法（過去本試験問題）

問題1　平成26年

難易度 B

Check欄 A☐☐☐　B☐☐☐　C☐☐☐　D☐☐☐　E☐☐☐

1　政府は、少なくとも　A　年ごとに、保険料及び国庫負担の額並びに国民年金法による給付に要する費用の額その他の国民年金事業の財政に係る収支について、その現況及び　B　期間における見通しを作成しなければならない。

　　この　B　期間は、財政の現況及び見通しが作成される年以降おおむね　C　年間とする。

2　故意の犯罪行為若しくは重大な過失により、又は正当な理由がなくて　D　ことにより、障害若しくはその原因となった事故を生じさせ、又は障害の程度を増進させた者の当該障害については、これを支給事由とする給付は、その　E　ことができる。

選択肢

① 3　　　　　　② 5　　　　　　③ 7　　　　　　④ 10
⑤ 25　　　　　 ⑥ 30　　　　　 ⑦ 50　　　　　 ⑧ 100
⑨ 医師の診察を拒んだ　　　　　⑩ 財政均衡
⑪ 財政計画　　　　　　　　　　⑫ 収支均衡
⑬ 将来推計　　　　　　　　　　⑭ 全額の支給を停止する
⑮ 全部を一時差し止める　　　　⑯ 全部又は一部を一時差し止める
⑰ 全部又は一部を行わない　　　⑱ 当該職員の指導に従わない
⑲ 当該職員の診断を拒んだ　　　⑳ 療養に関する指示に従わない

第2章 国民年金法（過去本試験問題）

解 答

A	②	5	（法4条の3）
B	⑩	財政均衡	（法4条の3）
C	⑧	100	（法4条の3）
D	⑳	療養に関する指示に従わない	（法70条）
E	⑰	全部又は一部を行わない	（法70条）

合格基準点　**3点以上**

問題2　平成27年（改題）　難易度 B

Check欄　A □□□　B □□□　C □□□　D □□□　E □□□

1　被保険者又は被保険者であった者は、国民年金原簿に記録された自己に係る特定国民年金原簿記録（被保険者の資格の取得及び喪失、種別の変更、保険料の納付状況その他厚生労働省令で定める事項の内容をいう。）が事実でない、又は国民年金原簿に自己に係る特定国民年金原簿記録が記録されていないと思料するときは、厚生労働省令で定めるところにより、厚生労働大臣に対し、国民年金原簿の訂正の請求をすることができる。厚生労働大臣は、訂正請求に理由があると認めるときは、当該訂正請求に係る国民年金原簿の訂正をする旨を決定しなければならず、これ以外の場合は訂正をしない旨を決定しなければならない。

　　これらの決定に関する厚生労働大臣の権限は　A　に委任されており、　A　が決定をしようとするときは、あらかじめ、　B　に諮問しなければならない。

2　国民年金法第30条の4に規定する20歳前傷病による障害基礎年金の受給権者は、原則として毎年、指定日である　C　までに、指定日前　D　に作成された障害基礎年金所得状況届及びその添付書類を日本年金機構に提出しなければならない。

※　E　は改正等により削除

【選択肢】

① 1か月以内　　② 3か月以内　　③ 3月31日
④ 6月30日　　　⑤ 9月30日　　　⑥ 10日以内
⑦ 14日以内
⑧ 後納保険料納付期限日である平成27年9月30日
⑨ 後納保険料納付期限日である平成37年6月30日
⑩ 社会保障審議会年金記録訂正分科会
⑪ 受給権者の誕生日の属する月の末日
⑫ 総務大臣　　　⑬ 地方厚生局長又は地方厚生支局長
⑭ 地方年金記録訂正審議会
⑮ 特定保険料納付期限日である平成30年3月31日
⑯ 特定保険料納付期限日である平成38年3月31日
⑰ 日本年金機構　　⑱ 年金記録回復委員会
⑲ 年金記録確認地方第三者委員会　　⑳ 年金事務所長

解　答

- A　⑬　地方厚生局長又は地方厚生支局長
　　　　　　　　　　　　　　　　（法109条の9）
- B　⑭　地方年金記録訂正審議会　（厚生労働省組織令153条の2）
- C　⑤　9月30日　　　　　　　（R3．6．24厚労告248）
- D　①　1か月以内　　　　　　（則36条の5）
- E　改正等により削除

合格基準点　3点以上

問題3　平成28年　難易度 B

Check欄 A □□□　B □□□　C □□□　D □□□　E □□□

1　国民年金法は、「国民年金制度は、日本国憲法第25条第2項に規定する理念に基づき、老齢、障害又は死亡によって国民生活の　A　がそこなわれることを国民の　B　によって防止し、もって健全な国民生活の維持及び向上に寄与することを目的とする。」と規定している。

2　国民年金法第90条の3第1項に規定する学生の保険料納付特例につき、保険料を納付することを要しないものとされる厚生労働大臣が指定する期間は、申請のあった日の属する月の　C　（同法第91条に規定する保険料の納期限に係る月であって、当該納期限から2年を経過したものを除く。）前の月から当該申請のあった日の属する年の翌年3月（当該申請のあった日の属する月が1月から3月までである場合にあっては、当該申請のあった日の属する年の3月）までの期間のうち必要と認める期間とする。

3　国民年金法に規定する厚生労働大臣から財務大臣への滞納処分等に係る権限の委任に関する事情として、

(1)　納付義務者が厚生労働省令で定める月数である　D　か月分以上の保険料を滞納していること、

(2)　納付義務者の前年の所得（1月から6月までにおいては前々年の所得）が　E　以上であること、

等が掲げられている。

選択肢

① 6
② 12
③ 13
④ 24
⑤ 1年2か月
⑥ 1年6か月
⑦ 2年2か月
⑧ 2年6か月
⑨ 360万円
⑩ 462万円
⑪ 850万円
⑫ 1,000万円
⑬ 安全
⑭ 安定
⑮ 共同連帯
⑯ 自助努力
⑰ 自立援助
⑱ 相互扶助
⑲ 福祉
⑳ 平穏

解 答

A	⑭	安定	（法1条）
B	⑮	共同連帯	（法1条）
C	⑦	2年2か月	（厚労告191）
D	③	13	（則105条）
E	⑫	1,000万円	（則106条）

合格基準点 3点以上

問題 4　平成29年（改題）　難易度 B

Check欄 A □□□　B □□□　C □□□　D □□□　E □□□

1　国民年金法第90条の2第2項第1号及び国民年金法施行令第6条の9の規定によると、申請により保険料の半額を納付することを要しないこととできる所得の基準は、被保険者、配偶者及び世帯主について、当該保険料を納付することを要しないものとすべき月の属する年の前年の所得（1月から6月までの月分の保険料については、前々年の所得とする。）が　A　に扶養親族等1人につき　B　を加算した額以下のときとされている。

なお、本問における扶養親族等は、所得税法に規定する同一生計配偶者若しくは老人扶養親族又は特定扶養親族等ではないものとする。

2　夫が死亡した当時53歳であった妻に支給する寡婦年金は、　D　から、その支給を始める。

3　国民年金法第107条第1項では、厚生労働大臣は、必要があると認めるときは、受給権者に対して、その者の　E　その他受給権の消滅、年金額の改定若しくは支給の停止に係る事項に関する書類その他の物件を提出すべきことを命じ、又は当該職員をしてこれらの事項に関し受給権者に質問させることができると規定している。

※　C　は改正により削除

選択肢

① 22万円　② 35万円　③ 38万円　④ 48万円
⑤ 78万円　⑥ 128万円　⑦ 125万円　⑧ 158万円
⑨ 遺族基礎年金の受給権者であったことがあるとき、又は老齢基礎年金の支給を受けていたとき
⑩ 夫が死亡した日の属する月の翌月
⑪ 資産若しくは収入の状態
⑫ 障害基礎年金の受給権者であったことがあるとき、又は老齢基礎年金の支給を受けていたとき
⑬ 障害基礎年金の受給権者であったことがあるとき、又は老齢基礎年金の受給資格期間を満たしていたとき
⑭ 障害基礎年金の受給権者であったことがあるとき、又は老齢厚生年金の支給を受けていたとき
⑮ 妻が55歳に達した日の属する月の翌月
⑯ 妻が60歳に達した日の属する月の翌月
⑰ 妻が65歳に達した日の属する月の翌月
⑱ 届出事項の変更若しくは受給資格の変更
⑲ 被扶養者の状況、生計維持関係
⑳ 身分関係、障害の状態

解 答

A	⑥	128万円	（令6条の9）
B	③	38万円	（令6条の9）
C		改正により削除	
D	⑯	妻が60歳に達した日の属する月の翌月	（法49条）
E	⑳	身分関係、障害の状態	（法107条）

合格基準点 3点以上

問題5 平成30年（改題）　難易度 B

Check欄 A□□□　B□□□　C□□□　D□□□　E□□□

1　国民年金法施行規則第18条の規定によると、厚生労働大臣は、│　A　│、住民基本台帳法の規定による老齢基礎年金の受給権者に係る機構保存本人確認情報の提供を受け、必要な事項について確認を行うものとされ、機構保存本人確認情報の提供を受けるために必要と認める場合は、│　B　│を求めることができるとされている。

2　国民年金法第109条の2第1項に規定する指定全額免除申請事務取扱者は、同項に規定する全額免除申請に係る事務のほか、│　C　│要件該当被保険者等の委託を受けて、│　C　│申請を行うことができる。

3　老齢基礎年金の支給繰下げの申出をした場合、老齢基礎年金の額に増額率を乗じて得た額が加算されるが、その増額率は│　D　│に当該年金の受給権を│　E　│を乗じて得た率をいう。

第2章 国民年金法(過去本試験問題)

選択肢

① 4分の3免除、半額免除及び4分の1免除
② 100分の11
③ 100分の12
④ 1000分の5
⑤ 1000分の7
⑥ 各支払期月の前月に
⑦ 各支払期月の前々月に
⑧ 学生納付特例
⑨ 市町村長(特別区にあっては、区長とする。)に対し、当該受給権者に係る個人番号の報告
⑩ 市町村長(特別区にあっては、区長とする。)の同意
⑪ 取得した日から起算して当該年金の支給の繰下げの申出をした日の前日までの年数(1未満の端数が生じたときは切り捨て、当該年数が5を超えるときは5とする。)
⑫ 取得した日から起算して当該年金の支給の繰下げの申出をした日までの年数(1未満の端数が生じたときは切り捨て、当該年数が5を超えるときは5とする。)
⑬ 取得した日の属する月から当該年金の支給の繰下げの申出をした日の属する月の前月までの月数(当該月数が120を超えるときは、120)
⑭ 取得した日の属する月から当該年金の支給の繰下げの申出をした日の属する月までの月数(当該月数が120を超えるときは、120)
⑮ 追納
⑯ 納付猶予
⑰ 毎月
⑱ 毎年
⑲ 老齢基礎年金の受給権者に対し、当該受給権者に係る個人番号の報告
⑳ 老齢基礎年金の受給権者の同意

解 答

A ⑰ 毎月 （則18条）
B ⑲ 老齢基礎年金の受給権者に対し、当該受給権者に係る個人番号の報告 （則18条）
C ⑯ 納付猶予 （H16法附則19条の2）
D ⑤ 1000分の7 （令4条の5）
E ⑬ 取得した日の属する月から当該年金の支給の繰下げの申出をした日の属する月の前月までの月数（当該月数が120を超えるときは、120） （令4条の5）

合格基準点 **2点以上**

問題6　令和元年

Check欄　A□□□　B□□□　C□□□　D□□□　E□□□

1　国民年金法第75条では、「積立金の運用は、積立金が国民年金の被保険者から徴収された保険料の一部であり、かつ、　A　となるものであることに特に留意し、専ら国民年金の被保険者の利益のために、長期的な観点から、安全かつ効率的に行うことにより、将来にわたって、　B　に資することを目的として行うものとする。」と規定している。

2　国民年金法第92条の2の2の規定によると、厚生労働大臣は、被保険者から指定代理納付者をして当該被保険者の保険料を立て替えて納付させることを希望する旨の申出を受けたときは、その納付が確実と認められ、かつ、その申出を承認することが　C　と認められるときに限り、その申出を承認することができるとされている。

3　国民年金法第97条第1項では、「前条第1項の規定によって督促をしたときは、厚生労働大臣は、徴収金額に、　D　までの期間の日数に応じ、年14.6パーセント（当該督促が保険料に係るものであるときは、当該　E　を経過する日までの期間については、年7.3パーセント）の割合を乗じて計算した延滞金を徴収する。ただし、徴収金額が500円未満であるとき、又は滞納につきやむを得ない事情があると認められるときは、この限りでない。」と規定している。

選択肢

① 国民年金事業の運営の安定　　② 国民年金事業の円滑な実施
③ 国民年金制度の維持　　　　　④ 国民年金法の趣旨に合致する
⑤ 財政基盤の強化　　　　　　　⑥ 財政融資資金に預託する財源
⑦ 支払準備金　　　　　　　　　⑧ 将来の給付の貴重な財源
⑨ 責任準備金
⑩ 督促状に指定した期限の日から3月
⑪ 督促状に指定した期限の日から徴収金完納又は財産差押の日
⑫ 督促状に指定した期限の翌日から6月
⑬ 督促状に指定した期限の翌日から徴収金完納又は財産差押の日
⑭ 納期限の日から6月
⑮ 納期限の日から徴収金完納又は財産差押の日の前日
⑯ 納期限の翌日から3月
⑰ 納期限の翌日から徴収金完納又は財産差押の日の前日
⑱ 被保険者にとって納付上便利
⑲ 保険料納付率の向上に寄与する
⑳ 保険料の徴収上有利

解答

A	⑧	将来の給付の貴重な財源	（法75条）
B	①	国民年金事業の運営の安定	（法75条）
C	⑳	保険料の徴収上有利	（法92条の2の2）
D	⑰	納期限の翌日から徴収金完納又は財産差押の日の前日 （法97条）
E	⑯	納期限の翌日から3月	（法97条）

合格基準点　**3点以上**

問題7　令和2年

難易度 B

Check欄 A□□□　B□□□　C□□□　D□□□　E□□□

1　国民年金法第4条では、「この法律による年金の額は、　A　　その他の諸事情に著しい変動が生じた場合には、変動後の諸事情に応ずるため、速やかに　B　の措置が講ぜられなければならない。」と規定している。

2　国民年金法第37条の規定によると、遺族基礎年金は、被保険者であった者であって、日本国内に住所を有し、かつ、　C　であるものが死亡したとき、その者の配偶者又は子に支給するとされている。ただし、死亡した者につき、死亡日の前日において、死亡日の属する月の前々月までに被保険者期間があり、かつ、当該被保険者期間に係る保険料納付済期間と保険料免除期間とを合算した期間が　D　に満たないときは、この限りでないとされている。

3　国民年金法第94条の2第1項では、「厚生年金保険の実施者たる政府は、毎年度、基礎年金の給付に要する費用に充てるため、基礎年金拠出金を負担する。」と規定しており、同条第2項では、「　E　は、毎年度、基礎年金の給付に要する費用に充てるため、基礎年金拠出金を納付する。」と規定している。

第2章 国民年金法（過去本試験問題）

―選択肢―
① 10年　　② 25年　　③ 20歳以上60歳未満
④ 20歳以上65歳未満　　⑤ 60歳以上65歳未満
⑥ 65歳以上70歳未満　　⑦ 改定
⑧ 国民生活の安定　　⑨ 国民生活の現況
⑩ 国民生活の状況　　⑪ 国民の生活水準
⑫ 所要　　⑬ 実施機関たる共済組合等
⑭ 実施機関たる市町村　　⑮ 実施機関たる政府
⑯ 実施機関たる日本年金機構　　⑰ 是正　　⑱ 訂正
⑲ 当該被保険者期間の3分の1
⑳ 当該被保険者期間の3分の2

第2章 国民年金法(過去本試験問題)

解 答

A	⑪	国民の生活水準	(法4条)
B	⑦	改定	(法4条)
C	⑤	60歳以上65歳未満	(法37条)
D	⑳	当該被保険者期間の3分の2	(法37条)
E	⑬	実施機関たる共済組合等	(法94条の2)

合格基準点 3点以上

問題8 令和3年　難易度 B

Check欄 A □□□　B □□□　C □□□　D □□□　E □□□

1　国民年金法第16条の2第1項の規定によると、政府は、国民年金法第4条の3第1項の規定により財政の現況及び見通しを作成するに当たり、国民年金事業の財政が、財政均衡期間の終了時に　A　ようにするために必要な年金特別会計の国民年金勘定の積立金を保有しつつ当該財政均衡期間にわたってその均衡を保つことができないと見込まれる場合には、年金たる給付（付加年金を除く。）の額（以下本問において「給付額」という。）を　B　するものとし、政令で、給付額を　B　する期間の　C　を定めるものとされている。

2　国民年金法第25条では、「租税その他の公課は、　D　として、課することができない。ただし、　E　については、この限りでない。」と規定している。

選択肢

① 遺族基礎年金及び寡婦年金　　② 遺族基礎年金及び付加年金
③ 開始年度　　　　　　　　　　④ 開始年度及び終了年度
⑤ 改定　　　　　　　　　　　　⑥ 給付額に不足が生じない
⑦ 給付として支給を受けた金銭を基準
⑧ 給付として支給を受けた金銭を標準
⑨ 給付として支給を受けた年金額を基準
⑩ 給付として支給を受けた年金額を標準
⑪ 給付の支給に支障が生じない　⑫ 減額
⑬ 財政窮迫化をもたらさない　　⑭ 財政収支が保たれる
⑮ 終了年度　　⑯ 調整　　　　⑰ 年限　　⑱ 変更
⑲ 老齢基礎年金及び寡婦年金　　⑳ 老齢基礎年金及び付加年金

解 答

A	⑪	給付の支給に支障が生じない	（法16条の2）
B	⑯	調整	（法16条の2）
C	③	開始年度	（法16条の2）
D	⑧	給付として支給を受けた金銭を標準	（法25条）
E	⑳	老齢基礎年金及び付加年金	（法25条）

合格基準点 **2点以上**

問題 9　令和 4 年　　　難易度 C

Check欄 A□□□　B□□□　C□□□　D□□□　E□□□

1　国民年金法第36条第 2 項によると、障害基礎年金は、受給権者が障害等級に該当する程度の障害の状態に該当しなくなったときは、　A　、その支給を停止するとされている。

2　寡婦年金の額は、死亡日の属する月の前月までの第 1 号被保険者としての被保険者期間に係る死亡日の前日における保険料納付済期間及び保険料免除期間につき、国民年金法第27条の老齢基礎年金の額の規定の例によって計算した額の　B　に相当する額とする。

3　国民年金法第128条第 2 項によると、国民年金基金は、加入員及び加入員であった者の　C　ため、必要な施設をすることができる。

4　国民年金法第14条の 5 では、「厚生労働大臣は、国民年金制度に対する国民の　D　ため、厚生労働省令で定めるところにより、被保険者に対し、当該被保険者の保険料納付の実績及び将来の給付に関する必要な情報を　E　するものとする。」と規定している。

選択肢
①　2 分の 1　　　②　3 分の 2　　　③　4 分の 1
④　4 分の 3　　　⑤　厚生労働大臣が指定する期間
⑥　受給権者が65歳に達するまでの間　　　⑦　速やかに通知
⑧　正確に通知　　　⑨　生活の維持及び向上に寄与する
⑩　生活を安定させる　　　⑪　その障害の状態に該当しない間
⑫　その障害の状態に該当しなくなった日から 3 年間
⑬　知識を普及させ、及び信頼を向上させる
⑭　遅滞なく通知　　　⑮　福祉を増進する
⑯　福利向上を図る
⑰　理解を増進させ、及びその信頼を向上させる
⑱　理解を増進させ、及びその知識を普及させる
⑲　利便の向上に資する　　　⑳　分かりやすい形で通知

解答

A	⑪	その障害の状態に該当しない間	（法36条）
B	④	4分の3	（法50条）
C	⑮	福祉を増進する	（法128条）
D	⑰	理解を増進させ、及びその信頼を向上させる	（法14条の5）
E	⑳	分かりやすい形で通知	（法14条の5）

合格基準点　3点以上

問題10　令和5年

難易度 C

Check欄 A□□□　B□□□　C□□□　D□□□　E□□□

1　国民年金法第74条第1項の規定によると、政府は、国民年金事業の円滑な実施を図るため、国民年金に関し、次に掲げる事業を行うことができるとされている。

(1)　| A |　を行うこと。

(2)　被保険者、受給権者その他の関係者（以下本問において「被保険者等」という。）に対し、| B |　を行うこと。

(3)　被保険者等に対し、被保険者等が行う手続に関する情報その他の被保険者等の| C |　に資する情報を提供すること。

2　国民年金法第2条では、「国民年金は、前条の目的を達成するため、国民の老齢、障害又は死亡に関して| D |　を行うものとする。」と規定されている。

3　国民年金法第7条第1項の規定によると、第1号被保険者、第2号被保険者及び第3号被保険者の被保険者としての要件については、いずれも| E |　要件が不要である。

選択肢
① 教育及び広報　　　　② 国籍
③ 国内居住　　　　　　④ 助言及び支援
⑤ 生活水準の向上　　　⑥ 生計維持
⑦ 相談その他の援助　　⑧ 積立金の運用
⑨ 年金額の通知　　　　⑩ 年金記録の整備
⑪ 年金記録の通知　　　⑫ 年金財政の開示
⑬ 年金支給　　　　　　⑭ 年金制度の信頼増進
⑮ 年金の給付　　　　　⑯ 年齢
⑰ 必要な給付　　　　　⑱ 福祉の増進
⑲ 保険給付　　　　　　⑳ 利便の向上

第2章 国民年金法（過去本試験問題）

解 答

A	①	教育及び広報	（法74条）
B	⑦	相談その他の援助	（法74条）
C	⑳	利便の向上	（法74条）
D	⑰	必要な給付	（法2条）
E	②	国籍	（法7条）

合格基準点　3点以上

社労士24

2024年受験対策
効率的に学習して「24時間で。社労士に。」

時間の達人シリーズ Web通信
「24時間で インプット講義が完了。」

1テーマを約3分〜15分に分割！
スキマ時間を最大限活用可能。

金沢博憲 講師

「お仕事や家庭のことで時間がない」。
そのような方に合格していただきたいという思いが開発のきっかけです。コンセプトは「時間の長さ」ではなく「時間当たりの情報密度」を重視する。それが「社労士24」です。
「3時間の内容を1時間で」ご理解いただけるような講義・教材を提供いたします。

開講日・受講料（消費税込）

Web通信

■時間の達人シリーズ 社労士24

受講方法	教材発送日	受講料	
Web通信	8/24（木）より順次発送 （8/28（月）より講義配信開始）	**79,800円** （大学生協等割引価格 75,810円）	入学金不要

■時間の達人シリーズ 社労士24+直前対策

受講方法	教材発送日	受講料	
Web通信	8/24（木）より順次発送 （8/28（月）より講義配信開始）	**128,000円** （大学生協等割引価格 121,600円）	入学金不要

Webテストで実力確認！
科目ごとにWebテストを実施します。Webで実施するので、リアルタイムで得点を確認できます。弱点を確認して補強することで着実に実力がアップします。

全体像レクチャー
デジタルコンテンツだからこそ実現。
常に全体像が意識できる展開。

O-hara micro learning
1単元は3分から15分。
スキマ時間を最大活用可能。

全科目インプット講義が24時間で完了
デジタルコンテンツ活用により無駄を極限まで除去。

専用レクチャーテキスト
レクチャー画面と同内容のレクチャーテキストをお手元に。

レクチャー画面

同じ内容

社労士24専用レクチャーテキスト

社労士24がよく分かる！
ガイダンス・体験講義も配信！
大原 社労士24 検索

Twitter
『時間の達人 社労士試験
@Sharoushi24』

本試験前最後の最終チェックに必須!
2024年受験対策 全国統一公開模擬試験

2024年社会保険労務士試験直前の実力試しに最適な「全国統一公開模擬試験」は、大原の本試験予想問題も兼ねております。毎年、模擬試験からは本試験の的中問題も数多く出題されています。

社労士本試験直前の総仕上げと実力試しに大原の全国統一公開模擬試験!

5つの特長

1. 質の高い本試験レベルの**予想問題**
2. 本試験2回分に相当する**豊富な問題数**
3. 選択肢毎に解説の付いた**充実の解答解説冊子**付き
4. 大原人気講師による**解説講義をWeb配信**
5. 多くの受験生が利用!**全国ランキング表**付き

だから本試験前は大原の模擬試験!!
過去本試験の出題傾向を大原講師陣が徹底分析して作成した予想問題による模擬試験です。高い的中率と充実の解説が毎年好評をいただいています。

■ 社労士試験を知り尽くした大原だから信頼度は抜群!

全国統一公開模擬試験の受験で段階的に本番力をアップ!
本番に向けて段階的に実力をアップします!

全国統一公開模擬試験Ⅰは、本試験レベルの難度の問題を、本試験と同じ時間帯で解きます。
時間配分や解く科目順番、高難度問題への対応などのシミュレーションに最適です。
全国統一公開模擬試験Ⅱでは、全国統一公開模擬試験Ⅰで見つかった課題を踏まえて受験でき、本番力完成の仕上げができます。

本番シミュレーション → 課題克服 → 本番力完成 → **本試験**

全国統一公開模擬試験Ⅰ
選択式 8問
択一式 70問
本試験1回分

全国統一公開模擬試験Ⅱ
選択式 8問
択一式 70問
本試験1回分

高難度の論点を含む本試験レベルの問題

ご自宅で受験できます!
採点を行い、個人別成績表(ランキング・総評・正答率・偏差値など)もご郵送いたします。詳細な解説冊子も付きますので安心です。

大原人気講師による解説講義をWeb配信!
大原人気講師による模擬試験の解説講義(映像)を大原ホームページでご覧いただけます。重要論点を図解を用いて解説いたします。

■ 全国統一公開模擬試験 実施日程　　　　　　　　　　　　　　　　入学金不要

全国統一公開模擬試験Ⅰ　全1回 7月6日(土)または7月7日(日)	全国統一公開模擬試験Ⅰ・Ⅱセット
	全国統一公開模擬試験Ⅰ
全国統一公開模擬試験Ⅱ　全1回 7月27日(土)または7月28日(日)	全国統一公開模擬試験Ⅱ

受講料の詳細は2024年3月中旬完成予定の直前対策リーフレットをご覧ください。

■ 案内書のご請求はフリーダイヤルで
☎ 0120-597-008

■ 最新情報はホームページで
https://www.o-hara.jp/course/sharoshi
大原　社会保険労務士　[検索]

正誤・法改正に伴う修正について

本書掲載内容に関する正誤・法改正に伴う修正については「資格の大原書籍販売サイト　大原ブックストア」の「正誤・改正情報」よりご確認ください。

https://www.o-harabook.jp/
資格の大原書籍販売サイト　大原ブックストア

正誤表・改正表の掲載がない場合は、書籍名、発行年月日、お名前、ご連絡先を明記の上、下記の方法にてお問い合わせください。

お問い合わせ方法

【郵　送】〒101-0065　東京都千代田区西神田2-2-10
　　　　　大原出版株式会社　書籍問い合わせ係
【ＦＡＸ】03-3237-0169
【E-mail】shopmaster@o-harabook.jp

※お電話によるお問い合わせはお受けできません。
　また、内容に関する解説指導・ご質問対応等は行っておりません。
　予めご了承ください。

合格のミカタシリーズ

2024年対策
解いて覚える！社労士　選択式トレーニング問題集⑦

国民年金法

■発行年月日	2024年2月13日　改訂初版
■著　　　者	資格の大原　社会保険労務士講座
■発　行　所	大原出版株式会社
	〒101-0065
	東京都千代田区西神田1-2-10
	TEL 03-3292-6654
■印刷・製本	株式会社メディオ

※落丁本・乱丁本はお取り替えいたします。
ISBN978-4-86783-084-0　C2032

本書の全部または一部を無断で転載、複写（コピー）、改変、改ざん、配信、送信、ホームページ上に掲載することは、著作権法で定められた例外を除き禁止されており、権利侵害となります。上記のような使用をされる場合には、その都度事前に許諾を得てください。また、電子書籍においては、有償・無償にかかわらず本書を第三者に譲渡することはできません。

© O-HARA PUBLISHING CO., LTD 2024 Printed in Japan